Bettina Böttinger (Hrsg.)

Ingrid Backes

Eine Couch für alle Felle 2

Tierische Probleme – leicht gelöst mit Martin Rütter

vgs EGMONT

Bibliografische Information Der Deutschen Bibliothek
Die Deutsche Bibliothek verzeichnet diese Publikation in der Deutschen Nationalbibliografie; detaillierte bibliografische Daten sind im Internet über http://dnb.ddb.de abrufbar.

Umschlagfoto: Stephan Wieland, Düsseldorf
Alle übrigen Fotos: WDR/Melanie Grande
Umschlaggestaltung, Layout und Satz:
Julia Wieland, Düsseldorf
Redaktion: Alexandra Panz
Lektorat: Dr. Birgit Herren
Produktion: Angelika Rekowski
Druck und Verarbeitung:
Druck- und Medienzentrum Gerlingen
Printed in Germany
ISBN 3-8025-1639-7
www.vgs.de

Inhalt

Vorwort

Um eines einmal ganz deutlich zu sagen: In über zehn Jahren Talkshow (»B. trifft«) habe ich tiefe Einblicke nehmen können in die menschliche Seele. Aber ich bin keine Hundeversteherin! Ich lebe ganz einfach gerne mit meinem Hund und stelle fest, dass er manchmal mehr von mir versteht als ich von ihm. Seit ich *Eine Couch für alle Felle* produziere, hat sich das Verhältnis zu meiner Dackelhündin Nicki allerdings dramatisch intensiviert und verbessert.

Ausgerechnet durch eine Fernsehserie? Ja, weil ich unserem »Fernsehhelden« und Tierpsychologen Martin Rütter sehr genau zuschaue und -höre. Und mich eingelassen habe auf diese wunderbare Welt des wirklichen Miteinanders von Mensch und Hund.

Irgendwie wollte ich schon früher immer alles verstehen. In meine erste große Erkenntnisphase geriet ich so mit 14, 15 Jahren. Da hat eigentlich jeder Mensch, egal ob Junge oder Mädchen, wohl den Drang, sich selbst und seinen Nächsten, also meistens den, in den man gerade verknallt ist, zu durchschauen. Warum ich mich damals, statt Liebesromane zu verschlingen, an den Verhaltensforscher Konrad Lorenz hielt, weiß ich nicht mehr genau. Jedenfalls fand ich es faszinierend, dass er seine lieben Tiere und deren Verhaltensrepertoire so genau schilderte. Genau danach sehnte ich mich. Zu begreifen, warum der andere so und nicht anders reagiert. Die Graugans war treu und ihr Verhalten erklärbar, warum nicht mein erster Flirt?

Von Irenäus Eibl-Eibesfeldt fand ich nicht nur den Vornamen spannend. Ich las bei ihm über das mitteleuropäische Eichhörnchen und verstand mich selber: Aggression ist lebensnotwendig! Dies schleuderte ich irgendwann meinem Physiklehrer entgegen, damit der auch was davon hatte und nicht so kritisch an meinem nur mäßigen Interesse an Formeln rummäkelte.

Und die Eibl-Eibesfeldt'sche Erklärung, die höheren Wirbeltiere seien mit der Fähigkeit zur Liebe über die Aggression hinausgewachsen, machte mich eine Zeit lang doch recht glücklich und stolz.

Nach meinen ersten Versuchen, Wirbeltieren vom Dackel bis zum Liebhaber theoretisch auf die Schliche zu kommen, habe ich dann längere Zeit, also jahrzehntelang, eher die Praxis gepflegt. Mit wechselnden Erfolgen.

Meine längste Beziehung hieß Piefke und war der schönste Rauhaardackel der Welt. 16 Jahre lebten wir zusammen, das habe ich noch mit keinem Zweibeiner geschafft.

Seit dem Besuch bei Martin Rütter ist das Zusammenleben von Nicki und Bettina Böttinger um einiges harmonischer geworden.

Durch den Beruf kam ich zurück zur Theorie, las Jan Nijboers Ausführungen über Hundeerziehung, Eberhard Trumlers Erfahrungen und vieles mehr. Ich lese überhaupt gerne über Mensch und Tier. Kennen Sie den Roman von Sandor Marai *Ein Hund mit Charakter*? Ich war wirklich fertig und habe unzählige Tränen vergossen. Herr und Hund mochten sich so sehr, konnten aber einfach nicht miteinander umgehen. Das ganze Drama endet mit Trennung, schrecklich! Wenn die zwei Martin Rütter gekannt hätten, hätten sie ihre Probleme in den Griff gekriegt. Da bin ich sicher!

Liebe auf den ersten Blick habe ich bei Nicki erlebt, die ich auf der Straße erblickte, ihr nachstürzte und deren Besitzerin ausfragte. Eine lange Geschichte. Jedenfalls zog Nicki ein paar Wochen später bei mir ein. Wir verstanden uns von Anfang an, trotzdem hatten wir täglich mindestens eine Beziehungskrise, immer, wenn die Dackeldame im Auto Tobsuchtsanfälle bekam.

Wie wir ein friedliches Paar wurden? Also, über Probleme und deren Lösungen im Hundealltag weiß Martin Rütter Bescheid, unser »Mann für alle Felle«.

In diesem Sinne – herzlich
Ihre Bettina Böttinger

Einleitung

Nach der ersten Staffel von *Eine Couch für alle Felle* haben sich für mich zwei gravierende Dinge in meinem Leben verändert. Das erste ist die zuvor ungekannte Situation, in rheinischen Supermärkten urplötzlich angesprochen zu werden: »Saht ens, wat es eigentlich met däm Nicki vun dä Böttinger loss? Es dä noch am Randaliere em Auto?« Das zweite ist die Tatsache, feststellen zu müssen, dass bei manchen Menschen nicht deutlich genug geworden ist, dass sie es selbst sind, die an der Beziehung zu ihrem Hund feilen müssen.

Häufig habe ich in den letzten Monaten bei Vorträgen oder im Unterricht den Satz »Sie sind doch der Hundeflüsterer, Sie bekommen das doch wieder hin, oder?!« gehört. Das sind die Momente, in denen ich schier verzweifeln möchte. Ja, ich sage, man muss und darf Hunde

Klare Kommunikation ist das A und O in der Verständigung mit dem Hund.

nicht anbrüllen, wenn man mit ihnen aus ihrer Sicht verständlich kommunizieren will. Und ich halte auch Menschen für krank und therapiebedürftig, für die es legitim ist, zum Beispiel einen Australian Cattle Dog mit Tritten gegen den Kopf erziehen zu wollen, da er das ja »von den Rindern gewohnt sei«. Auch dass es heute für viele Menschen leider immer noch zum Alltag gehört, an der Leine samt Stachelhalsband zu rucken, um den Hund gefügig zu machen, bestürzt mich zutiefst. Aber was soll dieser scheinbar im Trend liegende Begriff des »Hundeflüsterers«? In jeder Suchmaschine findet man unter diesem Stichwort Tausende von so genannten Hundeflüsterern. Im Internet wird von der Telefonheilung über das Auspendeln und die Telepathie bis hin zur Verhaltensdiagnose per E-Mail alles angeboten, was den verzweifelten Menschen mit Hund glauben macht, seine Probleme würden ohne großen Aufwand und natürlich unter Garantie gelöst.

Martin Rütter sieht Hundeproblemen unerschrocken ins Auge …

… dafür sind ihm nicht nur die Vierbeiner dankbar.

Während ich das schreibe, höre ich Mina (Golden Retrieverhündin, neun Jahre) laut schnarchen – wie gewohnt, sobald ich mehr als fünf Minuten im Büro verbringe. Ich glaube, dass sie nicht nur bei meinen anfänglichen – im Nachhinein doch sehr plumpen – Kommunikationsversuchen des Öfteren mitleidig den Kopf geschüttelt hat, sondern auch ausreichend Souveränität und gesunde Ignoranz mir gegenüber hat, um meine Fehler nicht allzu ernst zu nehmen. Inzwischen verstehen wir beide uns immer besser.

Verstehen? Ja, genau das ist das Schlüsselwort! Thomas Reunert, Journalist und Autor einer äußerst amüsanten Kolumne, in der sein Hund Toni stets zu Wort kommt, hat mich nach einem Vortrag mal als Hundeversteher bezeichnet. Und einander zu verstehen ist doch die grundlegende Voraussetzung für Kommunikation und ein harmonisches Zusammenleben. Wenn ich nun täglich erlebe, dass mein Hund und ich uns verstehen, so macht mich das zufrieden und glücklich.

Seit 14 Jahren beschäftige ich mich jetzt mit der faszinierenden Beziehung zwischen Mensch und Hund und kann gemeinsam mit meinem Team des *Zentrums für Menschen mit Hund* mein D.O.G.S. (Dog Orientated Guiding System) an andere Menschen weitergeben und sie auch erleben lassen, wie ausgeglichen ein Hund aufgrund von klarer, deutlicher Kommunikation sein kann. Für mich ist aber vollkommen klar, dass eine Beziehung ständiger Pflege bedarf und wir Menschen erst am Anfang sind, unsere Hunde wirklich zu verstehen.

Herzlichst Ihr
Martin Rütter

Jonny – ein Superhund mit Schusstrauma

Von der A 1 bei Erftstadt runter auf die B 265 – nur noch zwölf Kilometer bis zum *Zentrum für Menschen mit Hund*. Was für Pendler eine gut ausgebaute Umgehungsstraße, das ist für etliche Hundehalter die Straße der Hoffnung. So auch für Jürgen Pape, der aus dem hohen Norden kommend schon einige Stunden unterwegs ist. Sozialpartner Jonny döst hinten im Wagen, die langen schlanken Beine lässig von sich gestreckt. Und hätte man den Papes vor anderthalb Jahren erzählt, sie würden mal mit ihrem Superhund Hunderte von Kilometern zum

Tierpsychologen fahren, sie hätten sich wohl selbstbewusst an die Stirn getippt.

Zwölf Wochen alt war der Mix aus Deutschem Drahthaar, Schäfer- und Hirtenhund, als er vor dreieinhalb Jahren zur Familie kam. Er stammt aus einer guten Kinderstube auf einem modernen Bauernhof, mit vielen Wurfgeschwistern und allen Möglichkeiten, schon in der Welpenzeit jede Menge Anregungen fürs Leben mitzunehmen. Denn gute Zucht heißt schließlich nicht, dass die Betten gemacht und die Teller gespült sind, sondern, dass die Welpen schon in den ersten Lebenswochen Schritt für Schritt die Welt erkunden können: Autos und Staubsauger, Tiere, Kinder, Geräusche, Gerüche. Was der Welpe sich früh positiv einprägt, macht ihm später keine Angst mehr. Er lernt spielerisch, Harmloses und Gefährliches auseinander zu halten.

Beim ersten Treffen ist Martin Rütter skeptisch.

Jonny mit dem markanten Schnauzergesicht wächst sich zu einem Prachtkerl aus: Schulterhöhe 71 Zentimeter, Gewicht 37 Kilogramm. Und auch vom Wesen her ist er ein Traumhund. Papes haben für die ersten Wochen der Eingewöhnung Urlaub genommen, Jonny erweist sich als ausgesprochen lernfreudig. Die Welpenschule macht ihm Spaß, schon mit einem Jahr besteht er die Begleithundeprüfung.

Von 24 angemeldeten Artgenossen werden nur zehn zur Prüfung zugelassen. Und nur fünf schaffen es, wie Pädagoge Pape nicht ohne Stolz erzählt.

Jonny scheint sogar zu spüren, dass Frau Pape aufgrund einer Augenerkrankung seine Hilfe auf dem Weg zur Arbeit braucht, und begleitet sie ruhig und kompetent. Er läuft gern mit dem Fahrrad mit, er versteht sich prima mit den beiden ebenfalls zur Familie gehörenden Pferden. Und es bringt die selbstsichere Friesenmischung nicht mal aus der Ruhe, wenn Jürgen Pape ihn mit auf Segeltörn nimmt.

Kurzum, über diesen Jonny wird auch auf den benachbarten Gehöften gesprochen. Bis zu jenem Tag im März.

Da schwingt sich Herrchen aufs Fahrrad mit Anhänger, um beim nahe gelegenen Bauernhof wieder mal frisches Futter für die Pferde abzuholen. Jonny ist freudig dabei, denn er hat sich mit Hofhund Edzard, einem Großen Münsterländer, regelrecht angefreundet.

An diesem Tag aber wird alles anders. Kurz bevor Herr und Hund den Hof erreichen, fällt ein Schuss, gefolgt vom durchdringenden Todesschrei des Hundefreundes Edzard. Der hat angeblich im Jagdpachtrevier gehetzt und gewildert und ist vom Pächter standrechtlich erschossen worden.

Schuss und Todesgefahr: eine negative Verknüpfung.

Jonny sackt in sich zusammen, zittert am ganzen Leib, klemmt die Rute an die Bauchdecke, erstarrt. Ein Häufchen Elend in Todesangst. Und das bleibt auch so, wann und wo auch immer seither ein Schuss knallt: Schuss und Todesgefahr sind fortan für Jonny verknüpft.

Und es wird viel geschossen in der Gegend. Nicht nur beim traditionellen Halali der Waidmänner in Frühjahr und Herbst. Ganz in der Nähe ist auch noch der Schießstand der Tontaubenschützen, die sonntags ohne Blutvergießen losballern.

Und jedes Mal, wenn es knallt, wird aus dem vorher an seine soziale Gemeinschaft und seine Umwelt so gut angepassten Hund ein jämmerlicher Fellhaufen, der zittert, hechelt und nicht ansprechbar ist. Fast können Papes es sich nicht mehr vorstellen, dass Jonny einst die Schussfestigkeitsprüfung in der Hundschule ohne Wimpernzucken hingenommen und das Geballer in der Umgebung ohne Reaktion als neutrales Geräusch wahrgenommen hat.

Die Freizeitgestaltung der Familie kommt auf den Hund. Wenn sonntags die Tontaubenschützen anrücken, weicht man auf größere Ausflüge aus. Und selbst die Segeltörns werden plötzlich schwierig bis unmöglich, denn entlang der vertrauten Routen liegen ebenfalls Schießstände. Viele Touren fallen buchstäblich ins Wasser, denn auch wenn Papes nichts mitbekommen: Hunde haben das bessere Gehör. Und so langsam teilen sie die Ängste ihres Jonny, der sich auch durch Spielen, Leckerchen oder Schmusen nicht ablenken und trösten lässt.

Jonnys Angst schränkt die Familie ein.

Doch ehe es an die Trennung von Jonny oder einen Familienumzug in eine schussstille Gegend geht, fahren Hund und Herr erst einmal zu Martin Rütter.

Desensibilisierung steht an, das Entkoppeln des Geräuschs »Schuss« vom Todesschrei des Hundekumpels und somit der eigenen Todesangst. Ein weiter Weg, der viel Geduld erfordert, denn die Therapeuten sind die Halter, nicht der gelegentlich anwesende Hundepsychologe. Eine solche seelische Verletzung kann man nicht ungeschehen machen, wohl aber überlagern: Jonny braucht zu seiner Todesangst eine Verhaltensalternative, denn er wird das Erlebnis nicht vergessen können.

Martin Rütter schaut sich an, wie die beiden Friesen aus dem Auto steigen, unaufgeregt und souverän, schon auf den ersten Blick ein gut eingespieltes Team. Der zweite fällt auf ein Video, das die Papes auf Bitte von Martin Rütter daheim aufgenommen haben. Es zeigt den spielerisch Futterbeutel jagenden und apportierenden Jonny und die schlagartige Veränderung, als Schüsse fallen. Erstarrung, Zittern – der Trost von Herrchen bewirkt keine Linderung. Im Gegenteil, wie Rütter erklärt, die Tröstung zeigt dem Hund eher, dass tatsächlich eine große Gefahr besteht und dass Herrchen sie auch spürt.

Trösten verstärkt die Angst.

Futterbeutelspiel auf der Wiese bei Rütters Hof: Das klappt prima mit den beiden Papes. Jonny, der zur Vorbereitung drei Tage Fasten hinter sich gebracht hat, futtert sogar sehr manierlich aus dem Beutel. Damit sind die Befürchtungen seines Halters, Jonny würde sich wie ein hungriger Wolf auf die Beute stürzen, erst einmal zerstreut. Durch das Fasten wird Futter besonders interessant, und der Hund gibt sich Mühe, dafür allerlei Aufgaben zu erledigen. Und sucht die Nähe von Herrchen, bei dem er Futter und Schutz finden soll.

Auftritt von Mina Rütter. Die neunjährige Golden Retrieverhündin hat im Laufe der Jahre so manchen durchgeknallten Artgenossen kennen gelernt. Und auch die therapeutischen Anfangsschritte ihres Herrchens mit stoischer Selbstsicherheit über sich ergehen lassen. Nun arbeitet sie als Therapieassistentin, und dank ihrer Anwesenheit hat Jürgen Pape erst einmal nichts mehr zu melden.

Jonny geht stracks zu Mina, versucht, sie mit seinem Futterbeutel zu beeindrucken. Dann legt er den Beutel beiseite, schnüffelt an ihr herum, und es braucht doch etliche Zurufe, ehe er samt Beutel wieder bei seinem Ziehvater erscheint.

Für Martin Rütter eine aussagekräftige kleine Szene: Hier ist in der Beziehung Herr und Hund noch einiges zu verbessern. Und das ist möglicherweise der Weg zur Lösung des Problems.

Ein Jäger, auf Rütters Bitte in voller Jagdkluft, zeigt Jonny nun sein Schießgerät – keine Reaktion. Dass die gefürchteten Schüsse mit solchen Geräten zu tun haben,

Auf den bloßen Anblick eines Waidmanns in voller Jagdkluft reagiert Jonny zum Glück nicht.

weiß der Hund nicht. Er reagiert also nicht auf das Drumherum der Jagd, ihn schockt nur das Schussgeräusch. Und das soll nun auf einer abseits gelegenen Wiese genau beobachtet werden. Die im »Zentrum« trainierenden Artgenossen werden so lange mitsamt Haltern und Trainerinnen im Seminarraum untergebracht. Sicherheitshalber. Noch mehr Schusstraumata müssen nicht sein.

Der Waidmann entfernt sich etwa einen Kilometer, ausgestattet mit Gewehr und Walkie-Talkie. Für Jonny gibt es Futterbeutelapportieren im hohen Gras.

Ein schöner Anblick: der wurfstarke Jürgen Pape und der laufstarke Jonny, dem die langen Beine nur so um die Ohren fliegen.

Martin Rütter gibt den fernmündlichen Befehl zum ersten Schuss. Jonny hält inne, lauscht. In der folgenden Stille greift er sein Spiel wieder auf. Nach einer Weile ein zweiter Schuss. Dasselbe: Jonny erkennt das Geräusch, kann es aber in der darauf folgenden Pause verarbeiten, apportiert weiter und holt sich sein Käsestück ab.

Jonny soll lernen, in Angstsituationen Schutz bei seinem Menschen zu suchen.

Als dann aber zwei Schüsse kurz hintereinander abgefeuert werden, wird es Jonny zu viel: Er erstarrt, klemmt die Rute ein, zittert, hechelt – das ist nicht mehr der gleiche Hund. Der geliebte Futterbeutel liegt unbeachtet im Gebüsch.

Als es danach still bleibt, wendet er sich kurz an sein Herrchen, das die Anweisung hat, nicht aktiv zu reagieren, sondern einfach nur für ihn da zu sein. Aber Jonny geht auf Nummer sicher und springt in seine vertraute Höhle, durch die geöffnete Tür direkt ins Auto.

Und auch wenn Jürgen Pape noch etwas ungläubig schaut, liegt in diesem Verhalten die Chance: Wenn Jonny lernt, sich in einem Augenblick extremen Stresses vertrauensvoll an sein Herrchen zu schmiegen. Wenn Papes lernen, in diesem Moment als souveräne Sozialpartner wortlos da zu sein, die seelische Not zu »übersehen« und damit Ruhe und Alltag zu signalisieren. Wenn sie auf ängstliches Schmusen gelassen die starke Schulter hinhalten. Wenn, dann wird sich Jonny zwar immer noch erschrecken, aber er wird auch Schutz und Geborgenheit bei seinen Menschen suchen können. Ihm wird ein alternatives Verhalten zum Zittern und Hecheln und Verstecken angeboten: Panik ist gar nicht nötig, er kann sich ja einfach bei seinen Leuten verkrümeln.

Die Beziehung zwischen Mensch und Hund ist entscheidend.

Auch Martin Rütter atmet durch, hatte er doch anfangs befürchtet, nicht helfen zu können. Denn das Problem ist, dass Jonny keine Möglichkeit hat, den Angst erzeugenden Reizen einmal für ein paar Wochen ganz auszuweichen. Nun aber besteht die Chance, durch sensibilisierte Wahrnehmung und konsequente Handfütterung den Hund enger und stärker in die Abhängigkeit seiner Menschen zu bringen. Um ihm klar zu machen, dass in ihrer Nähe für ihn gesorgt wird und er Schutz suchen und finden kann.

Dass es also eine Verhaltensalternative und einen Weg aus der Angst für ihn gibt.

Nach ersten Tests ist Martin Rütter optimistisch. Jonny kann geholfen werden, wenn er seinem Menschen voll vertraut.

Martin Rütter:

Als ich das Video gesehen habe, den zitternden, hechelnden Hund, der aus meiner Sicht schon beim zufälligen Auftauchen der Jäger ganz im Hintergrund in panische Starre verfiel, dachte ich, hier seien die Therapiechancen gleich null. Jonnys Reaktion war so spontan und massiv, da bliebe nur die »Adaption des sozialen Umfelds«. Kurz gesagt: Die Leute müssten aus der Gegend weg, oder der Hund müsste in eine andere Familie, weitab von Schüssen und Schießständen.

Nach den ersten Tests und einem Gespräch mit Herrn Pape stellte sich dann heraus, dass es doch Hoffnung gibt. Zum einen haben wir Jonnys Verhalten bei einigen neuen Erfahrungen beobachtet. Zwar schafften wir es absolut nicht, ihn zu überreden, die Wippe auf dem Agility-Platz zu betreten. Aber nicht, weil er Angst vor Neuem hätte. Er hatte einfach keine Lust, das war ihm irgendwie zu albern. Ein selbstbewusstes Nein.

Zum anderen teilte Herr Pape mit, dass die Panik nach einem Schuss sich nach ein oder zwei Stunden wieder löst. Jonny scheint also stabil genug, sein Gleichgewicht nach einer gewissen Zeit wiederzufinden.

Und zum Dritten stellte sich heraus, dass der Hund lediglich auf das akustische Signal reagiert, nicht etwa auf Jäger oder Gewehre.

Auch die beiden ersten, mit langer Pause und entsprechender Distanz abgefeuerten Schüsse konnte er noch verarbeiten. Er reagierte zwar sofort, als danach aber Stille eintrat, war er auch in der Lage, sein Spiel mit Herrchen fortzusetzen.

Souveränität und Gelassenheit sind die Voraussetzung, um Jonny zu helfen.

Wie stark die Traumatisierung tatsächlich ist, zeigte sich erst, als zwei weitere Schüsse direkt hintereinander abgefeuert wurden: erstarren, zittern, hecheln, Rute völlig eingeklemmt, keinerlei Reaktion auf sein Spielzeug.

Dauerknallen aber ist charakteristisch für Jonnys Umfeld, ob nun auf Tiere oder auf Tonscheiben geschossen wird.

In der folgenden Stille bringt sich Jonny so gut in Sicherheit, wie er kann – er geht nur kurz zu Herrn Pape, seine eigentliche Zuflucht ist das Auto. Positiv war, dass er nicht in totale Panik verfallen ist, weggelaufen ist oder Ähnliches. Er hat auch in dieser Situation noch seine eigene Lösung gefunden. Was ihn aber tatsächlich nicht weiterbringt.

Wenn man einen solchen Hund therapieren will, geht es darum, dass er hundertprozentiges Vertrauen zu seinen Menschen erlernt. So wie ein verängstigtes Kind sofort ruhiger wird, wenn es bei Mutter oder Vater unterschlüpfen kann.

Aber so weit ist Jonny noch nicht. Ziel der Therapie ist, dass der Hund auch dann noch korrigierbar und ansprechbar ist, wenn eine ganze Schusssalve losgeht. Dass er in seiner Todesangst nicht irgendwohin verschwindet, sondern Schutz bei Herrchen sucht. Und der signalisiert ihm ganz gelassen: Komm, warte ab, es passiert uns nichts. Der Hund muss lernen: Die Knallerei ist nicht schön, aber in Herrchens Nähe bin ich nicht existenziell bedroht. Denn er wird nicht vergessen können, dass Schuss und Tod zusammenhängen. Er kann sehr wohl den Todesschrei des ihm vertrauten Nachbarhundes identifizieren. Er soll nun lernen, sich in der Not ganz eng an Herrchen anzuschließen und hier Ruhe zu finden.

Um die Bindung zwischen Mensch und Hund zu stärken, soll Jonny von nun an aus dem Futterbeutel oder aus der Hand fressen.

Es liegt auf der Hand, dass Tätscheln, wortreiches Trösten und Sich-ganz-besonders-um-den-Hund-Kümmern hier ziemlich kontraproduktiv sind. Derlei intensive Aufmerksamkeit signalisiert lediglich, dass die Situation tatsächlich überaus bedrohlich ist. Jonny sollte von sich aus Herrn Papes Nähe suchen. Und der sollte sie ihm natürlich auch bieten, aber mit ruhiger Selbstverständlichkeit.

Wir werden also jetzt weiter an der Beziehung zwischen Herrn und Hund arbeiten. Da Jonny gut und gern mit dem Futterbeutel trainiert, sollte er ab sofort ausschließlich aus Beutel und Hand gefüttert werden. Denn auch Essen ist eine existenzielle Angelegenheit – aus der Hand von Herrchen oder Frauchen gefüttert werden bedeutet vor allem, dass man hier Fürsorge und Schutz findet, dass man sich auf diese Beziehung verlassen kann. Je klarer Jonny das begreift, desto eher wird er sich auch in existenziellen Nöten an seine Beschützer wenden.

Das zentrale Problem ist hier vor allem, dass Jonny unter Dauerstress gerät, also keine Zeit hat, einen Reiz wie diese Schüsse zu verarbeiten. Wir werden sehen, ob sich ein Training auch unter den heimatlichen Bedingungen des Dauerknallens durchführen lässt.

Umweltbedingungen, Menschen, die Hunde quälen, schlagen oder misshandeln, sind oft Ursachen von Traumata. Weniger bekannt ist allerdings, dass die meisten traumatisierten Hunde auf andere Hunde panisch reagieren.

Nehmen wir mal ein Beispiel: Ein neun Wochen alter Welpe kennt bisher nur seine Mutter und seine Wurfgeschwister. Jetzt kommt er in die lustige Welpenspielgruppe. Zum ersten Mal sieht er Hunde, die anders aussehen als seine Geschwister. Nehmen wir an, der Welpe ist ein kleiner Rauhaardackel. Und in der Gruppe ist zufällig ein 16 Wochen alter Berner Sennenhund. Für den jungen Dackel eine monströse, tapsige Gestalt. Und die tritt nun aus lauter Ungeschick auf den Kleinen drauf. Wenn so etwas innerhalb der so genannten »Prägephase« geschieht, also in den ersten 16 Lebenswochen, dann kann ein solches Schockerlebnis Teil der Persönlichkeit werden. Der Dackel kann unter Umständen in Zukunft Angst vor großen Hunden haben. Oder vor allen schwarzen Hunden. Oder überhaupt vor allen Hunden. Für viele Hunde eine außerordentliche Beeinträchtigung ihrer Lebensqualität, kann man doch auf jeder Wiese mit Hunden sehen, wie wichtig der Sozialkontakt zu Artgenossen ist.

Negative Verknüpfungen bestimmen ein Trauma.

Wir hatten einen Jack Russel Terrier hier, der mit neun Wochen auf einer Wiese von einem ausgewachsenen Labrador halb tot gebissen worden ist: Rippenbrüche, Bauchdecke aufgerissen etc. Der geriet später nicht etwa in Todesangst, wenn er große gelbe Hunde sah. Stattdessen konnte er keine Wiesen mehr ertragen. Sobald er Gras unter den Füßen hatte, war Schluss: Panik.

Aus diesen Geschichten sieht man schon, wie ungeheuer wichtig es ist, dass gerade in den ersten Lebenswochen eines Hundes seine Bedürfnisse genau erkannt werden. Nach jeder Reiz- oder Stresssituation benötigt er eine ausreichend lange Ruhephase, sodass der Reiz verarbeitet werden und der Hund sich wieder entspannen kann. Das heißt nicht, dass die Welpen keinerlei Stress erfahren sollen. Sie können auch ruhig mal von einem anderen Hund zurechtgewiesen werden. Aber eben alles in einem Maße, das noch verarbeitet werden kann. Wenn die Mutter ihren neun Wochen alten Welpen mit einem Schnauzgriff zur Ordnung ruft, dann ist das ein starker Korrekturgriff, bei dem der Welpe schon mal quietscht. Aber er kann ihn auch einordnen und verarbeiten.

Wo die Reizgrenze eines Hundes liegt, hängt von seinem individuellen Charakter ab: Es gibt nicht nur rassespezifische Graduierungen, sogar unter Wurfgeschwistern herrschen große Unterschiede in der Sensibilität. Was auf den einen Hund traumatisierend wirkt, wird von dem anderen als bedeutungslos empfunden.

Ein Trauma ist ein Reizverarbeitungs-problem.

Traumatisierte Hunde

Die Faustregel bei Traumata lautet: Ein früh traumatisierter Hund ist schwer therapierbar, denn zu einem solch frühen Zeitpunkt hat er noch nicht genügend positive Erfahrungen gesammelt, die die negative als Ausnahme erscheinen lassen. Ein gut geprägter Hund dagegen, der spät traumatisiert wird, ist besser therapierbar, denn er hat eine Menge positiver Erfahrungen abgespeichert, mit denen er sich auch bei einem Schock helfen kann, weil er das negative Erlebnis relativiert.

Zwei Arten von Traumata sind besonders problematisch:

Zum einen das **multikausale Trauma**, das mehrere Ebenen hat. Ein Beispiel: Ein Mann schlägt einen Hund. Zur gleichen Zeit kommen Kinder vorbei, die mit einem Stock das Geländer entlangrattern. Und als Drittes wirft exakt zu diesem Zeitpunkt auch noch der Nachbar seinen Rasenmäher an. Je vielschichtiger solche traumatisierenden Erlebnisse sind, desto geringer sind die Therapiechancen, da sich immer mehr Faktoren zu einem bedrohlichen Gesamtszenario zusammenballen.

Zum anderen das **Dauertrauma**. Dieses kommt vor allem bei schlecht oder einseitig geprägten Welpen vor, die in ihren ersten Lebenswochen kaum Umwelt- und Sozialreize kennen lernen konnten. Was der Hund in dieser Zeit aber nicht kennen lernt, das kann er später nicht mehr generalisieren: Jede neue Situation ist für ihn mit neuen Ängsten und Anpassungsproblemen verbunden.

Für Jonny besteht die Hoffnung, dass er das Schockerlebnis überwinden kann.

Da kommen Leute zu mir und meinen, sie hätten ihren Welpen aus einer traumhaften Zucht gekauft. Fünf Kilometer nur durch den Wald, bis man zum Haus kommt. Da lebt der Welpe unter lauter Hunden, so richtig im grünen Paradies. Anders gesagt: Die schöne Kölner Stadtwohnung, in die der Welpe aus dieser scheinbaren Idylle verfrachtet wird, jagt ihm Angst ein. Der Staubsauger, das Auto, die Geräusche, jeder neue Mensch ist ein Drama. Da kann man nur sagen: Zurück aufs Land, für diesen Hund ist das Stadtleben eine Quälerei.

Oder nehmen wir einen Welpen, der die ersten Lebenswochen nur unter Erwachsenen oder nur unter Männern oder nur unter Frauen, also in irgendeiner Weise einseitig verbracht hat: Auf den prasseln später pausenlos Stressreize ein, die er kaum oder gar nicht verarbeiten kann. Doch wer im Dauerstress lebt, der wird nur immer nervöser, er gewöhnt sich nicht etwa daran.

Auch bei Jonny und seinem Schusstrauma geht es um einen Dauerstress. Allerdings hat er Schussgeräusche ja schon in der Prägephase erlebt, er ist ein sehr souveräner Hund. Von daher besteht durchaus Hoffnung, dass er mit seinem Selbstvertrauen und dem Vertrauen in seine Halter das Schockerlebnis überlagern kann.

Mücke und Pepe – zu viel Verantwortung

Ein großes Areal, zwei kleine Hunde: Mücke und Pepe, zwei Multimix-Kleinterrier, bewachen einen großen Garten mit Nischen, Sitzgruppen und Beeten. Dann sind da noch zwei Häuser, in denen Monika Kuth, eine Freundin, ihre Mutter und ihre Tante leben. Ein Eckgrundstück, an zwei Seiten Straßen, abgegrenzt durch einen niedrigen Zaun.

Wir können die beiden Hunde und das bestehende Problem gut hören: Schon als wir den ersten Fuß auf den Bürgersteig setzen, geht ein ohrenbetäubendes Gekläff los. Mücke und Pepe rasen auf kurzen Beinen wild hin und her, drehen sich um die eigene Achse und schauen gar nicht hin, als ihre Frauchen uns verlegen lächelnd reinbitten.

Mücke und Pepe tun ihr Bestes, ihr Revier im Griff zu behalten. Sie ziehen sich einige Meter zurück auf die Wiese und machen Krach, was das Zeug hält. Mücke fiept, Pepe versucht sich in tiefem Knurren. Wir sind eher verblüfft als beeindruckt. Ein bemerkenswerter Geräuschpegel, den die beiden handlichen Hunde da zustande bringen.

Dauerndes Kläffen stört nicht nur die Nachbarn.

Und genau das ist das Problem: Das ständige, aufgeregte Gekläff sägt an den Nerven der Halterinnen ebenso wie an denen der Nachbarn. Jeder Fahrradfahrer, jede Joggerin werden lautstark kommentiert und hechelnd um das halbe Grundstück verfolgt – immer am Zaun entlang.

Wenn Mücke und Pepe sich nicht im Garten aufhalten, hocken sie auf einem breiten Fensterbrett, um den Überblick über Eindringlinge zu behalten und notfalls eine Schallmauer aufzubauen.

Nachdem eine Nachbarin ans Ordnungsamt geschrieben hat, liegen die Nerven bei Monika Kuth und ihren Mitbewohnerinnen endgültig blank. In fast jedem Haus des Dorfes leben Hunde, mustergültig erzogen und still wie Zierfische. Nur die ihren tanzen aus der Reihe.

Mücke und Pepe versuchen verzweifelt, ihr Revier in den Griff zu bekommen, und verbellen alles, was sich in Sichtweite bewegt.

»Ich kann einfach nicht mehr«, sagt Monika Kuth und schaut verzweifelt auf die überdrehten Winzlinge.

Als Martin Rütter auf die beiden Lärmquellen zugeht, weichen diese irritiert zurück, stellen das Bellen kurz ein, legen wieder los und ziehen sich Schritt für Schritt erneut vor ihm zurück. Die Kleinterrier machen zwar viel Lärm, aber sie sind eigentlich sehr ängstlich. Monika Kuth bestätigt das. Auch beim Spaziergang erschrecken sich beide leicht, vor allem Pepe versteckt sich hinter ihr, will nicht weitergehen. Es gibt Tage, da geht er keinen Schritt vom Grundstück runter.

Es stellt sich bald heraus, dass Mücke und Pepe, beide zweieinhalb Jahre alt, nicht den besten Start ins Leben hatten. Sie sind von einem Händler verkauft worden, der reichlich Welpenvorrat hatte und auf die Frage nach der Mutter sehr ausweichend reagierte. Nicht, dass das Monika Kuth nicht merkwürdig vorgekommen wäre. Aber da hatte sie sich schon in die hübschen Kleinen verguckt. Das Herz siegte wieder mal über den Verstand, wie sie sich eingestehen muss.

Alle Freiheiten, die man den Welpen bieten konnte, bekamen sie auch. Zwei große Häuser, in denen sie sich nach Belieben breit machen durften. Dann den Garten, der die Häuser wie ein Innenhof verbindet. Damit die kleinen Energiebündel auch genug an die frische Luft kommen, dürfen sie natürlich auch ohne menschliche Begleitung auf den Rasen. Genug körperliche Ertüchtigung holen sich Hündin Mücke und Rüde Pepe beim Jagen von schnellen Objekten. Radfahrer und Jogger kann man dank der Lage des Grundstücks längs des Zauns auch noch um die Ecke verfolgen und verbellen.

Sie hatten nicht den besten Start ins Leben.

Langsam aber sicher stieg die Stimmung in der Nachbarschaft. Die ersten Beschwerden. Dann ein Schreiben vom Ordnungsamt. Was soll man machen? Monika Kuth als berufstätige Frau hätte natürlich auch gern mehr Ruhe daheim. Die Nachbarin, die sich beim Ordnungsamt beschwert hat, erläutert uns die Lage aus ihrer Sicht. Sie wohnt direkt gegenüber, und der Genuss von ruhigem Landleben und dem Gläschen Wein am Abend ist doch sehr gestört durch das permanente Anschlagen der Hunde. Die gute Nachbarschaft auch. Böse Worte sind aus den Fenstern gerufen worden, und böse Antworten hat es auch gegeben.

Monika Kuth steuert eine Hundeschule nach der anderen an. Man macht ihr gar nicht erst Hoffnung. So sind Terrier eben, heißt es immer wieder: dickköpfig, schwer erziehbar, unbelehrbar. Schließlich wechselt sie von den ratlosen Trainern zum Tierpsychologen Rütter. Ein Besuch auf seinem Hof bringt allerdings keine erhellenden Erkenntnisse. Die beiden Probanden sind entzückend und schweigsam. Geht sie schließlich nichts an, das ist nicht ihr Revier.

Martin Rütter verschafft sich mit einigen Tests vor Ort erst einmal einen Überblick. Eine Radfahrerin saust vorbei, eine Joggerin legt sich ins Zeug. Aber nur halbherzig verfolgt Pepe mal eben die Radfahrerin. Die Hunde scheinen zu irritiert ob des Fernsehteams, das ihren Grund und Boden trotz heftigsten Gebells betreten hat. Sie laufen vom Zaun zur Wiese, wieder zurück. Das Ausmaß an Aufgaben drinnen und draußen verschlägt ihnen eine Zeit lang die Sprache.
Erst drei Jugendliche, die mit ihren Inlineskates unterwegs sind, bringen uns dem Alltag näher. Mücke schlägt an, Pepe stimmt ein und übernimmt dann energisch die Verfolgung am Zaun entlang. Die Skater kehren um, starten auf unser Zeichen hin erneut.

Jugendliche mit ihren Inlineskates als Trainingshelfer.

Diesmal soll Monika Kuth ans Gartentor treten und die Sportler freundlich begrüßen. Zugleich soll sie ihre Hunde energisch zurückschicken, wenn sie ihr kläffend in den Weg kommen. Unsicher, was Frauchen jetzt eigentlich vorhat, laufen Mücke und Pepe noch ein paarmal zum Zaun und wieder auf die Wiese zurück, halten aber sehr bald die Klappe.

Ein drittes Mal bitten wir die Jugendlichen zum Heranrollen. Während Frauchen wartet, ziehen sich ihre beiden Wachhunde sogar von allein auf die Wiese zurück. Pepe kommt noch zwei-, dreimal näher, bleibt auch sehr aufmerksam, mischt sich aber ins Gespräch von Frauchen mit den Passanten nicht mehr ein.

Sie überlassen jetzt Frau Kuth die Aufgabe, das Revier zu beschützen, erläutert Martin Rütter das erfreuliche Verhalten. Die Hunde brauchen sich nicht mehr so aufzuregen, denn Frauchen passt schon auf.

Die Terrier haben alles im Blick.

Stattdessen regt sich Martin Rütter auf, denn eigentlich sollten die Tiere ins Haus gebracht werden, damit er in Ruhe die nächsten Therapievorschläge entwickeln kann. Doch dann tauchen die Hundeköpfe gleich wieder auf. Nur einen Meter entfernt schauen sie von leicht erhöhtem Aussichtspunkt auf die gemütliche Sitzgruppe. Die breite Fensterbank, das sei ihr Stammplatz, erklären die Halterinnen.

Sie sind sehr verblüfft, als Martin Rütter ungläubig den Kopf schüttelt und sagt, dass das jetzt wirklich zu viel sei. Zwei unsichere Hunde, die aus ihrer Sicht draußen ein sehr großes Revier zu bewachen haben, schauen sich die Szenerie jetzt auch noch in ihrer »Freizeit« an. Kein Wunder, dass sie im Dauerstress sind.

Zumal sie sich anstrengen können, wie sie wollen: Niemand nimmt ihre Drohungen wirklich ernst. Passanten benutzen die Straße weiterhin, Freunde und Besucher latschen ja trotz des verzweifelten Gebells durch den Garten auf die Haustüren zu. Und nun erleben sie die Ohnmachtssituation auch noch vom Fensterbrett aus.

Mehrere Augenpaare schauen zweifelnd auf Martin Rütter, als er sich mit einer Prognose vorwagt: »Dieses Problem kriegen Sie in zehn, zwölf Wochen spätestens in den Griff.« Keine Beruhigungspille für die Nachbarin, sondern eine erste Analyse der Lage. Die Fehler, die die Halterinnen hier gemacht haben, sind für Rütter ebenso offensichtlich wie weit verbreitet. Hier ist zu »menschlich« gedacht worden, aus Hundesicht muss einiges geändert werden. Denn Mücke und Pepe sind mit der Fülle von Freiheiten und Privilegien ganz einfach überfordert.

Zwei von ihrer Geschichte her ängstliche Hunde müssten aus ihrer Sicht eigentlich ständig überall zugleich sein, um das große Revier und ihre Menschen zu schützen. Sie kläffen sich sozusagen größer, als sie sind. Und kommt wirklich jemand aufs Gelände, ziehen sie sich verängstigt, aber lautstark zurück. Der ohnmächtige Kontrollstress hört nicht mal auf, wenn es in den Rückzugsraum geht: die Wohnung. Denn nun gibt das Fenster den Blick frei. Die Folge: noch mehr Aufregung, noch mehr Frust. Mücke und Pepe sind zwei aufgedrehte Gesellen, die von ihren Menschen unbewusst einen Auftrag bekommen haben, den sie nicht erfüllen können.

Hier haben es die Menschen zu gut gemeint.

Genau das haben Monika Kuth und ihre Mitbewohnerinnen natürlich nicht gewollt. Und so hören sie betroffen, aber aufmerksam zu, was Rütter ihnen als Erste-Hilfe-Maßnahmen vorschlägt.

Ab sofort sollen Mücke und Pepe mehr »Freizeit« bekommen. Wenn sie also im Haus sind: runter von den Fensterbänken. Sie sollen sich von der schweren Aufgabe, alles im Griff zu haben, entspannen. Sie

Monika Kuth wollte für ihre Hunde nur das Beste und ganz bestimmt keinen Stress!

müssen ganz einfach auch mal zur Ruhe kommen, sonst dreht sich die Spirale aus Aufgeregtheit und Kläffen und Nachhetzen immer weiter. Es ist für die zwei keine Teilnahme am Leben, wenn sie durchs Fenster schauen, es ist Stress. Sie brauchen klar zugeteilte, abgeschottete Plätze.

Mücke und Pepe sollen mehr zur Ruhe kommen.

Allein in den Garten? Man hat an der Szene mit den Jugendlichen gesehen, wie sehr sich die Hunde beruhigen, wenn Frauchen die Initiative übernimmt und den Zugang zum Revier kontrolliert. Die Hunde sind überlastet, überdreht, erschöpft. Die Halterinnen müssen ihnen die Aufgabe wieder wegnehmen. Sie müssen den zwei Angsthasen zeigen, dass sie sich schon selbst darum kümmern, wer reindarf und wer nicht. Alleinlassen mit der großen Aufgabe, das geht einfach nicht.

Und noch ein Vorschlag zum Befrieden der Lage: Die Hunde bekommen ein wesentlich kleineres Revier. Mit einem Band oder einem Schlauch oder Ähnlichem wird ihr Aktionsradius begrenzt. Nicht durch ein unüberwindliches Hindernis, sondern durch spielerisches Training: Die Halterinnen sind beim Gartenaufsuchen mit den Hunden zusammen und weisen sie über die erlernten Kommandos wie »Komm!«, »Bleib!«, »Sitz!« und Wurfspiele genau in dieses Areal ein. Die Markierung des Reviers ist eigentlich nur eine Gedächtnisstütze für die Menschen. Ein kleines, übersichtliches Areal soll auf diese Weise entstehen. Wenn man das weit entfernt von der Straße kurz vor dem Hauseingang anlegt, entsteht automatisch eine Pufferzone zur Straße mit all den Joggern und Radfahrern. Die beiden übernervösen Terrier bekommen Abstand und fühlen sich geschützt.

Das abgegrenzte Revier schont die Hundenerven.

Mit der Aufforderung, hundgemäß und folglich »unmenschlich« zu denken, lässt Martin Rütter einige sehr nachdenkliche Hundeliebhaberinnen zurück.

Drei Wochen später ein ganz neues Bild. Zum frischen Rasengrün und den leuchtenden Farben der Sommerblumen fügt sich ein weiß-

Mit bekannten Kommandos und Apportierspielen werden Mücke und Pepe in ihr neues, kleineres Revier eingewiesen.

rot gestreiftes Flatterband in die Gartenlandschaft ein. Der Gedanke an eine Baustelle ist nicht weit hergeholt: Hier wird gearbeitet. Monika Kuth, Freundin und Mutter blicken leicht erschöpft von ihren Gartenstühlen aus auf das verkleinerte Hunderevier. Jederzeit bereit, aufzuspringen und »Halt!« und »Platz!« zu rufen, wenn Mücke oder Pepe unterm Flatterband herauskrabbeln wollen. Mutter Kuth immer mit einigen Crackern in der Hand, zur Belohnung für erwünschtes Verhalten.

Es ist ruhiger geworden um Mücke und Pepe. Zwar schauen sie empört, als wir das Gartentor öffnen, aber sie schlagen nicht an. Nur wenn ein Kameramann auf ihr abgetrenntes Rasenstück tritt, knurrt Mücke drohend. Aber selbst die vom Fernsehteam herbeigerufenen Jogger, Skater, Rad- und Rollerfahrer sowie etliche Hunde nebst Haltern bringen die zwei Terrier nicht wirklich aus der Ruhe. Ihr Revier liegt jetzt einige Meter von der Straße entfernt, sie fühlen sich ganz offensichtlich weniger bedrängt vom Leben da draußen.

Nun gut, es ist nicht immer so, stellt Monika Kuth klar. Aber immer öfter.

Martin Rütter:

Situationen wie die mit Mücke und Pepe sind mir sehr vertraut. Die Hunde stammen beide aus einer ganz schlechten Zucht, die man wohl als industrielle Produktionsstätte bezeichnen kann. Sie werden zusammen als niedliche Welpen ins Haus genommen. Und jetzt sollten sie es bei ihren Halterinnen endlich besser haben. Ein großes Haus, ein großer Garten, mehrere Menschen, die für sie da sind.

Eine typische Entwicklung: Die Hunde durften einfach alles: auf dem Küchentisch schlafen, im Bett liegen oder allein im Garten herumlaufen. Ein gefühlsbetontes Verständnis von Hundebedürfnissen, mit dem man den neuen Familienmitgliedern keinen Gefallen getan hat.

Wie viele Freiheiten einem Hund gut tun und was aus seiner Sicht eher eine Überforderung darstellt, ist für Menschen oft gar nicht so leicht einzuschätzen. Man sollte sich hier einfach am Verhalten der Hunde untereinander orientieren: Wenn bereits Hunde in einem Haushalt leben und ein neuer hinzukommt, gestatten sie dem neuen gerade in der Anfangszeit relativ wenig.

Die Alteingesessenen sagen nicht: »Ach, hereinspaziert, leg dich schön breit auf meine Decke!« Auch nicht und gerade nicht, wenn der Neue ein Welpe ist. Warum sollten die Menschen ihn also mit ins Bett oder auf die Couch nehmen?

Die Hunde sagen zu einem Neuankömmling nicht: »Schön, dich zu sehen, friss ruhig meinen Knochen auf.« Warum sollte also der Mensch einen Welpen, nur weil er so süß ist, mit Futter überschütten?

Viel Freiheit sorgt häufig für Verwirrung.

Die bereits im Hause lebenden Hunde halten die Neuhunde in aller Regel zu Beginn auf Distanz und grenzen sich deutlich von ihnen ab. Nach einer kurzen Zeit, nämlich dann, wenn der Neue die Regeln und die Hierarchie akzeptiert hat, beginnt eine viel tolerantere Zeit.

Wenn wir das als Maßstab nehmen und dem Hund zunächst einmal die bei uns herrschenden Regeln zeigen, steht einem harmonischen respektvollen Umgang nichts mehr im Wege.

Denn je mehr Ressourcen einem Hund zur Verfügung stehen, sei es nun Futter im Übermaß, jede Menge Zuwendung oder aber ein großes Revier, desto mehr muss er sie auch verteidigen. Die Menschen haben ihm also statt traumhafter Freiheiten aus seiner Hundesicht eine riesige Verantwortung aufgeladen.

Nicht genug damit, dass die beiden Terrier ständig auf Haus und Garten aufpassen. Sie jagen auch noch jenseits des Zauns schnelle, bewegte Objekte wie Radfahrer oder Jogger. Und weil beide sehr ängstliche, unsichere Hunde sind, tun sie das auf ihre eigene hysterische, kläffende Weise.

Pepe und Mücke geben sich sehr viel Mühe.

Den Trainingsweg kann ich klar und knapp zusammenfassen: Den Hunden müssen stärkere Grenzen gesetzt werden. Ihr Revier muss deutlich verkleinert werden, wobei sie natürlich ihren eigenen Bereich behalten sollen. Aber grundsätzlich sind die beiden mit der jetzigen Situation und ihrer Verantwortung völlig überfordert. Je kleiner das Revier ist, das die beiden zu verteidigen haben, desto weniger müssen sie sich aufregen.

Und wenn ihre Menschen sie im Garten nicht allein lassen, sondern selbst kontrollieren, wer sie besuchen darf und wer nicht, kommt ebenfalls mehr Ruhe auf. Als Monika Kuth zum Gartentor ging, um Besucher zu begrüßen und ihre Hunde klar zurückschickte, entspannten sie sich sofort und stellten das Gebell ein.

Das Revier der beiden Terrier ist nun kleiner geworden.

Die Halterinnen dürfen auch Mückes und Pepes Unsicherheit nicht unterschätzen: Sie finden alles und jeden bedrohlich, weil sie Menschen und Situationen nicht einschätzen können. Für sie ist der Zaun zum Bürgersteig ihr Schutz. Wenn den jemand überwinden will, steigern sie sich in heftiges Gebell. Hier kommt keiner rein. Wir kommen ja auch nicht raus. Hier ist die Grenze.

Als wir in ihr Revier eingedrungen waren, gingen beide auf Abstand. Distanzbellen, keine Angriffshaltung. Unsicherheit jedem Teammitglied gegenüber. Klare Zeichen von Ambivalenz. Gehobene Rute als Imponiergeste, aber ein Schritt in ihre Richtung reicht, und beide bekommen es mit der Angst zu tun, weichen immer weiter zurück. Es war klar, dass ich hier körpersprachlich sehr vorsichtig vorgehen musste, damit sie mein Verhalten lesen konnten und sich nicht gleich in blinde Panik steigerten.

Es sind ganz offensichtlich nicht ausreichend geprägte Hunde, die unsicher bleiben werden. Was in den ersten entscheidenden Wochen beim Welpen verpasst worden ist, lässt sich nicht nachholen. Aber man kann ihnen viel Ruhe vermitteln, und man kann sie auf bestimmte Situationen vorbereiten, sodass sie sich nicht vor allem fürchten müssen.

In ihrer Welt ist vieles bedrohlich.

In Mückes und Pepes Welt gibt es unendlich viele bedrohliche Reize. Und immer prasseln neue auf sie ein. Ganz allein im großen Garten, ihre Menschen nicht zu sehen. Jemand kommt zum Gartentor, will ihr Revier betreten. Die beiden ängstigen sich, plustern sich mit lautem Gebell auf, um den Eindringling zu verschrecken.

Alles vergeblich. Trotz ihres Knurrens und Warnens läuft ständig jemand in ihrem Revier herum. Irgendwann könnten die beiden dann mal so frustriert sein, dass sie ihre Strategie ändern. Sie könnten das offensichtlich so fruchtlose Bellen sein lassen und ihrer Abwehr mit Beißen Nachdruck verleihen.

Mein Vorschlag, das Revier der Hunde stark zu verkleinern, dient also der Beruhigung der beiden. Sie sollen sich auf ihrem kleinen Flecken sicher fühlen. Ein Abstand zu Bürgersteig und Straße hilft Mücke und Pepe, mehr Abstand zu Angst auslösenden Objekten zu bekommen, damit sie sich nicht mit Gebell wehren müssen. Das schont die Nerven – auch die der Nachbarn.

Damit wäre auch eine weitere Frustration verringert: der Jagdtrieb der Kleinterrier, der sie immer wieder am Zaun entlangrasen lässt, um Radfahrer und Jogger zu jagen, die man aber aufgrund des Zauns sowieso nicht bekommen kann. Sind die durch die Revierverlagerung in gebührendem Abstand, braucht man sich im Grunde gar nicht erst anzustrengen und kann sich erfolgversprechenderen Dingen widmen.

Diese Hunde sind wegen ihrer Unsicherheit ganz besonders reizempfänglich. Es ist verständlich, dass sie nicht zur Ruhe kommen können, wenn sie selbst im Haus, ihrem Rückzugsbereich, auf der Fensterbank sitzen.

Wir Menschen richten unser Schlafzimmer auch nach Möglichkeit nicht direkt an der Hauptverkehrsstraße ein. Oder wir schaffen durch Rollos ein reizarmes Klima, um zur Ruhe zu kommen.

Der geeignete Ruheplatz

Der Ruheplatz soll dem Hund tatsächlich Gelegenheit geben, auszuruhen. Deshalb diesen bitte nicht an einem zentralen Platz in der Wohnung wie etwa dem Eingangsbereich einrichten. Diese Stelle wäre aus Sicht des Hundes vielmehr ein Wachposten, und er würde sich veranlasst fühlen, das Kommen und Gehen aller Personen zu kontrollieren.

Ein Hund kann ruhig mehrere Liegestellen in der Wohnung haben, sie sollten aber immer im Randbereich des Zimmers liegen, sodass er seine Ruhe hat, aber am Sozialleben teilnehmen kann.

Stattdessen schauen Mücke und Pepe aus dem Fenster auf die bedrohliche Welt. Kein Wunder, dass sie starke Territorialaggression zeigen, je näher fremde Menschen kommen. Sie kläffen und bellen und knurren. Sie tun so, als seien sie unglaublich starke, gefährliche Hunde. Die kleinen Terrier bluffen.

Es geht bei Mücke und Pepe darum, die Karten noch einmal völlig neu zu mischen. Derzeit liegen überall die Nerven blank: bei den Hunden, bei den Halterinnen und auch bei den Nachbarn. Wenn die Halterinnen begreifen, dass sie ängstliche Hunde haben, die mit der umfassenden Freiheit, die sie ihnen eingeräumt haben, völlig überfordert sind. Wenn sie sich entsprechend verhalten, um Mücke und Pepe zu entlasten, und sie auch mal zur Ruhe kommen lassen, ist das Problem in absehbarer Zeit wirklich in den Griff zu bekommen.

Denn weil Mücke und Pepe aufgrund ihrer Unsicherheit leicht zu beeindrucken sind, ist ihr Verhalten eigentlich sehr gut zu korrigieren. Sie werden sich in die neuen

Regeln bald einfügen und froh sein, dass endlich jemand anderes das Ruder übernimmt.

Kleine Hunde werden in der Erziehung und in ihren Bedürfnissen oft nicht ernst genug genommen. Ich erlebe häufig, dass Menschen sagen, sie hätten nicht viel Zeit und wenig Platz – und nähmen deshalb einen kleinen Hund. Es wird oft vergessen, dass zum Beispiel ein Yorkshireterrier ein echter, vollwertiger Jagdhund ist, ein Hund, der sehr gut zu erziehen ist. Denn er wird gern gefordert, liebt es, Aufgaben zu erledigen, ist klug und lernfähig. Kein Stofftier fürs Sofa.

Oft unterschätzt: die Kleinen.

Es gibt natürlich auch Terrier, die das coole Gemüt eines Bernhardiners haben. Aber typisch für Terrier ist eher eine sehr extrovertierte Selbstdarstellung. Sie zeigen an, wenn ihnen etwas nicht passt, sie kämpfen um ihre Rechte, sie schlucken Ärger oder Stress nicht einfach runter. Sie können auch schnell mit Aggression reagieren, sich von einer Stufe zur nächsten steigern. Daher auch meine Sorge, dass Mückes und Pepes Verhalten aggressiver werden könnte, wenn sich ihre Situation nicht verbessert.

Pepe und Mücke sind ängstliche Hunde, die mit den ihnen zugestandenen Freiheiten nicht umgehen können. Konsequent durchgesetzte Regeln entlasten und entspannen sie.

Inzwischen gibt es ein für kleine Hunde erfreuliches Umdenken. Während vor fünf, sechs Jahren nur Hunde von 25 Kilogramm aufwärts zur Hundeschule kamen, wiegt bei uns im »Zentrum« schon die Hälfte der Hunde unter zehn Kilogramm. Die Menschen haben offenbar verstanden, dass ihr Hund in erster Linie ein Hund ist, unabhängig davon, ob er klein ist.

Hunde haben ein Recht zu lernen!

Früher war es wirklich so, dass man mit dem Rottweiler zur Hundeschule ging, mit dem Dackel aber nicht. Man dachte wohl, wenn der Ärger kriegt oder Ärger macht, dann klemm ich ihn einfach unter den Arm und fertig.

Die vielen tragischen Ereignisse, schwere Verletzungen bis hin zu Tötungen von Menschen durch Hunde, haben offenbar aufgewühlt. Es wird viel mehr über das Wesen des Hundes nachgedacht. Heute gehört es fast schon zum guten Ton, eine Welpenschule zu besuchen. Ob mit Schäferhund oder Pekinesen.

Acani – der lange Weg zum Vertrauen

Hausbesuch in der Hunde-WG. Mit vier blonden Artgenossen kommt Acani ins Zimmer gestürmt. Dirigiert von Rotraut Ueding, die mit souveräner Hand Ordnung ins Chaos bringt. Schon legt sich die schwarze Hündin auf ihren Stammplatz mit der bunten Decke und schaut sich ruhig die staunenden Fernsehschaffenden an.

Das also soll das Nervenbündel aus den früheren Folgen der *Couch für alle Felle* sein? Auch Martin Rütter muss zweimal hinschauen. Aber es ist nicht nur die Ausstrahlung der Chow-Chow-Hündin, die nach nur wenigen Monaten Training beeindruckt. Es ist auch das glänzende, saubere Fell. Der sichtbare Beweis, dass sich die einst extrem berührungsscheue Acani nun bürsten und pflegen lässt. Und manchmal legt sie sich ganz entspannt auf die Seite und lässt sich von Rotraut Ueding Brust und Bauch massieren. Eine Entspannung, die ihre Halterin voll teilt, kann sie sich doch nun darauf verlassen, dass sie auch mal verfilztes Fell herausschneiden oder Salben und Medikamente verabreichen kann.

Die scheue Hündin hat sich sehr verändert.

Das Vertrauen ist da, allerdings lokal begrenzt: Frauchen muss sich schon zu Acanis Stammplatz bemühen. Alle Versuche, das sichere Lager mit der gewohnten Decke an eine andere Stelle zu verschieben, sind gescheitert. So wie Acani sich zwar willig und unter aktiver Mitarbeit das Brustgeschirr anlegen, sich aber nicht daran führen lässt. Ein klares »Nein«, nicht aggressiv, sondern eher apathisch.

Sie kann allerdings auch anders. Als sich ein selbst ernannter Hundefachmann aufgedrängt hatte, ihr blitzschnell eine Würgeleine um den Hals geworfen und sie heftig daran zurückgerissen hatte, hat sie sich mit einem kräftigen Oberschenkelbiss vom Peiniger befreit. Den setzte dann Frauchen mit klaren Worten vor die Tür.

Für Martin Rütter insgesamt ein erstaunlicher Zuwachs an Vertrauen bei der malträtierten Hündin, die sich auch bei ihrer fachkundigen Halterin über zwei Jahre in hilfloser Abwehrhaltung zusammenkauerte. Wehe, wenn sich jemand im Zimmer auch nur bewegte.

Wir erinnern uns: Acani stammt aus einer verwahrlosten Zucht, deren völlig verängstigte Hunde sich schließlich unkontrolliert vermehrten und nicht mehr zu Geld zu machen waren. Der von seinem eigenen Werk überforderte Züchter hatte sich schließlich an die »Nothilfe für Polarhunde e. V.« gewandt. Deren mobiles Einsatzteam stand vor einer Katastrophe: 14 verdreckte Hunde, verfilzt, ungeimpft, mangelhaft ernährt, total menschenscheu, eine Hand voll Welpen mittendrin.

Nur mit Blasrohr und speziellem Narkosemittel konnten die vor Angst halb verrückten, aber nicht aggressiven Tiere eingefangen, gereinigt, verarztet und kastriert werden. Acani ist eine der zwei Hündinnen unter lauter Rüden, die Mutter der Welpen. Ihr Rücken ist durch ständige Zwangsdeckungen wund und ohne Fell. Seelisch traumatisiert, weil systematisch in einer Ohnmachtssituation gehalten: keine Möglichkeit, mit hundesprachlichen Mitteln ein »Nein« zu signalisieren. Nicht mal die Möglichkeit, einen aufdringlichen Rüden vom Rücken zu beißen. Die Folge: Angst, extreme Empfindlichkeit am Rücken, panikartiges Ausweichen, ganz besonders Männern gegenüber – denn es waren Männerhände, die die Hündin beim erzwungenen Deckakt festhielten.

Acani lässt sich mittlerweile ohne Probleme von Frau Ueding streicheln.

Deshalb hatte Martin Rütter auch geraten, Herrn Ueding erst einmal bei den vertrauensbildenden Maßnahmen außen vor zu lassen. Aber auch hier hat sich in den wenigen Monaten Erstaunliches getan: Solange Rotraut Ueding in der Nähe bleibt, lässt sich Acani inzwischen auch von Herrchen streicheln.

Männer waren das Problem.

Ein gutes Stück des Weges ist also geschafft. Auch mit den anderen Hunden im Haushalt, die hier bis zur Vermittlung für einige Wochen leben, kommt Acani gut zurecht. Sie ist sogar mit einer acht Monate alten Hündin beim ausgelassenen Herumtoben beobachtet worden.

So ganz locker wird sie nach dieser Lebensgeschichte aber wohl nicht mehr werden und als Stammgast in ihrem neuen Zuhause bleiben. Da ist sich Rotraut Ueding von der »Nothilfe für Polarhunde e. V.« sicher, und sie hat immerhin über 60 verlassene Chow-Chows in gute Hände vermittelt.

Acani soll nun lernen, an der Leine zu gehen, damit sie mehr vom Leben kennen lernt als den Platz im Wohnzimmer und den eigenen Garten.

Und damit wird es ungemütlich. Frauchen zieht ihr auf Geheiß des Hundetherapeuten buchstäblich die Decke unterm Hintern weg. Das gefällt Acani nicht, aber sie entscheidet sich gegen die Decke und bleibt an Ort und Stelle liegen. Sie kennt das schon: Frau Ueding hat mehrfach versucht, Acani mit der Decke in ein anderes Zimmer zu locken. Die Hündin hat sich immer für ihren Stammplatz entschieden, notfalls eben ohne Decke.

Acani soll nun lernen, an der Leine zu gehen.

Immer noch gelassen lässt sie sich das Halsband überziehen. An dem hängt eine leichte Schleppleine. Atemlose Stille herrscht im Raum, als Martin Rütter das andere Ende in die Hand nimmt und Frau Ueding in Acanis Gesichtsfeld ebenfalls an die Leine greift. An der hängen jetzt zwei, die etwas lernen sollen: die Hündin, die ihrem Frauchen auch beim Zug an der Leine vertrauen soll. Und Rotraut Ueding, die von der ganzen Art her eher zu dem Motto »Problem erkannt, Problem gebannt« neigt und sich in Geduld üben muss. Wer so viel Druck erfahren hat wie Acani, der macht bei Druck dicht.

Ein erster leichter Zug an der Leine. Acani reagiert irritiert. Martin Rütter lässt die Leine sofort wieder locker durchhängen. Ein neuer Reiz kann nur verarbeitet werden, wenn ihm sofort eine entsprechende Ruhepause folgt: »Da war etwas Unangenehmes, aber ich habe es überlebt«, dolmetscht Rütter.

Ein neuer Reiz kann nur verarbeitet werden, wenn eine Ruhepause folgt.

Etwas mehr Zug, und Acani wird unruhiger, eine längere Pause – noch ein Zug und etwas länger anhalten, dann wieder Pause. Acani wird nun sehr unruhig, gerät unter Stress und zeigt schließlich die für Chow-Chows so charakteristische blauschwarze Zunge: Sie hechelt, sie hat Angst.

Frauchen leidet mit. Sie greift in die Tasche und legt Acani ein Leckerchen hin. Kein Interesse, keine Reaktion. Wer unsicher ist, mag noch Appetit haben. Wer Angst hat, fürchtet um sein Leben, nicht ums Futter.

Nach einer längeren Pause, in der Acani etwas zu Atem kommt, aber immer weiterhechelt, noch ein letztes Mal die neue Erfahrung, dass am Halsband leicht gezogen wird. Mehr geht nicht. Ende der Therapiesitzung.

Hausaufgabe für Frau und Hund: Acani läuft in Zukunft immer mit einer kurzen Leine herum, an der ein Sandsäckchen mit ein paar Gramm Gewicht hängt, bis sie sich an das lästige Gefühl gewöhnt hat. Etwas zieht an ihrem Hals, aber eigentlich passiert nichts Bedrohliches. Dann wird allmählich das Gewicht gesteigert, bis ihr ein bestimmter Zug am Halsband keine Angst mehr macht.

Zwei Wochen später. Acani und Rotraut Ueding haben es tatsächlich geschafft. Acani läuft mit Halsband, kurzer Leine und einem kleinen

Fortschritt Zug um Zug: Frau Ueding und Acani.

Martin Rütter stellt sich der ängstlichen Hündin so in den Weg, dass sie in Richtung Rotraut Ueding ausweichen muss.

Gewicht herum, als würde sie den lästigen Zug am Hals gar nicht spüren. Das Training kann also weitergehen.

Frau Ueding macht eine lange Leine am Halsband fest. Acani soll Bewegungsspielraum haben, aber auch lernen, sich in für sie bedrohlichen Situationen in die Nähe von Frauchen zu begeben. Frau Ueding setzt sich gut drei Meter von Acani entfernt in den Garten, hält die Leine fest in der Hand, ohne daran zu ziehen.

Die Aufgabe, Acani leicht in die Enge zu drängen, übernimmt Martin Rütter. Er nähert sich der irritiert um sich schauenden Hündin mit einer Plastikgießkanne. Ohne Hektik zu verbreiten, stellt er sich Acani in den Weg, die Gießkanne vorgestreckt, aber ohne Acani damit zu berühren. Sie soll reagieren, aber keine Angst bekommen.

Ihr wird die Lage unangenehm, sie weicht einen Schritt zurück, Rütter setzt vorsichtig nach, Acani entschließt sich, ihren Platz zu verlassen. Rütter unterstützt noch einmal mit der Kanne, er zeigt sie ihr mehr, als dass er sie damit bedrohen würde. Er kommt ihr einfach nur etwas zu nahe.

Frauchen bietet Schutz.

Acani geht auf Frau Ueding zu, einfach weil sie ihr mitten im Weg zum hinteren Teil des Gartens sitzt. Frau Uedings Aufgabe: Die Leine straffen, wenn Acani näher kommt. Aber keinesfalls daran ziehen, das wäre zu viel für die scheue Hündin. Frau Ueding soll allerdings auch nicht nachgeben, wenn Acani sich wieder von ihr entfernen will. Sie hält einfach die Leine weiterhin im kurzen Abstand fest.

Das gefällt Acani nicht. Nach kurzem Ziehen an der Leine setzt sie sich einfach neben Frauchen und lässt sich die Brust kraulen. Auf alle Fälle besser, als den aufdringlichen Mann mit der Gießkanne um sich zu haben.

Pause. Rütter trainiert den gleichen Ablauf noch dreimal, beim Bedrängen immer einen halben Meter von Acani entfernt. Dann ist es wieder genug. Acani verzieht sich in die Wohnung.

Acani muss sich von Martin Rütter erholen.

Jetzt kommt Frau Ueding an die Leine. Rütter übt mit ihr noch einmal genau, wie sie ohne Zug und Druck die Leine halten soll: gespannt halten, aber auf keinen Fall die Hündin zu sich ziehen. Außerdem muss nun ein Nachbar gefunden werden, der das vorsichtige Bedrängen an Martin Rütters Stelle übernimmt. Herr Ueding kommt nicht in Frage. Er soll sich nicht unbeliebt machen. Rütter verabschiedet sich nicht von Acani. Sie muss sich jetzt von ihm erholen.

Ach, hätten doch Hunde in ihrer langen Partnerschaft mit den Menschen nicht nur so ungeheuer viel über unser Verhalten, unsere Gewohnheiten und Schwächen gelernt. Wenn sie doch unsere Worte verstehen würden: Wie einfach könnte man Acani erklären, was die ganze, mühsame Übung eigentlich soll. Man könnte ihr erklären, dass es einfach um ihre Lebensqualität geht. Denn auf sie wartet am Wald-

Martin Rütter demonstriert Frau Ueding, dass sie nur sehr behutsam an der Leine ziehen darf.

rand ein großes, umzäuntes Grundstück, ein Platz zum Laufen und Toben, der selbst im kältesten Winter genutzt wird, weil sich die Uedings einen Wohnwagen dorthin gestellt haben.

Das Füttern aus der Hand stärkt die Mensch-Hund-Beziehung.

Aber ein Hund ist eben ein Hund, er muss seine Lernerfahrungen auf seine Weise machen. Wozu auch gehört, dass zwecks weiterer Stärkung der Beziehung Rotraut Ueding beim Füttern aus der Hand noch so manches Mal klebrige Finger bekommen wird.

Martin Rütter:

Anfangs war ich sehr skeptisch: Wenn wir es schaffen, dass sich diese verängstigte Hündin in einem Jahr vielleicht vorsichtig bürsten ließe, dann hätten wir viel erreicht. Und nun, nach nur fünf, sechs Monaten, können selbst Außenstehende erkennen, dass sich hier etwas Grundsätzliches verändert hat. Der Hund wirkt sehr viel klarer, es hat sich geradezu die ganze Optik verändert. Acani hat ganz grundsätzlich Vertrauen zu Frau Ueding gefasst, auch wenn man am Ende der Übungsstunden gesehen hat, dass sie bei neuen Anforderungen, aber natürlich auch wegen der vielen Menschen um sie herum, total gestresst war.

Frau Ueding hat hier wirklich sehr gut gearbeitet – meinen Respekt. Acani hat bei ihr gelernt, dass ihre Signale und ihre körpersprachlichen Äußerungen verstanden werden. Denn das war es, was sie früher nie kennen gelernt hat: Alle Signale der Hündin sind vom Züchter grundsätzlich missachtet worden. Ob sie nun sagte, ich will das nicht, ich will Ruhe, geh weg, ich fürchte mich – nichts zählte. Und genau das war ja das Trauma: Egal wie heftig sie sich gewehrt hat, ihr Wille wurde gewaltsam gebrochen.

Alle Signale der Hündin wurden missachtet.

Und jetzt hat sie durch Frau Ueding gelernt, dass Berührungen nichts Schlimmes sind, dass Abwehr und Aggressionen gar nicht nötig sind. Wir haben ja zunächst mit einem Handschuh und einem langen Stock gearbeitet, damit Acani Berührungen kennen lernt, ohne dass ihr zugleich ein Mensch zu eng auf die Pelle rückt. Es ist schon erstaunlich, wie schnell sie gelernt hat, wie sie sogar Streicheleinheiten genießen kann. Ein enormer Zuwachs an Lebensqualität, der vor allem auf der sehr klaren Kommunikation von Frau Ueding beruht.

Das bedeutet in diesem Fall, ein sehr genaues Gespür zu haben, wann sich feinste Abwehrgesten, Drohblicke, kurze Reaktionen Acanis zeigen, die andeuten, dass es jetzt zu viel wird. Ein Hund mit so katastrophalen Erfahrungen braucht viel Geduld und darf vor allem nicht wieder unter Druck geraten, denn dann stiege sofort das Panikgefühl hoch – und das kann auch mit großer Aggression und Gefahr für Menschen verbunden sein.

Hier muss sich eine so starke Frau wie die Halterin auch manchmal bremsen. Das Entscheidende bei der Traumabehandlung ist nämlich, dem Tier zwar neue Reize zuzumuten, aber immer so dosiert, dass die Belastbarkeit nicht überbeansprucht wird. Eine Berührung kann Panik, Angst und Weglaufenwollen zur Folge haben. In der Ruhepause danach erfährt der Hund: Mir passiert nichts, ich lebe ja noch, war doch nicht so schlimm. Diese Verarbeitungsphasen müssen hinreichend lang sein. Und für diesen Rhythmus von Anspannung und Entspannung hat Frau Ueding ganz offensichtlich ein feines Gespür entwickelt.

Der Rhythmus von Anspannung und Entspannung verlangt ein feines Gespür.

Die nächste Aufgabe, um Acanis Lebensqualität weiter zu verbessern, ist nun eine Erweiterung ihres Umfeldes. Wir haben von Anfang an für Acani einen Schutzraum geschaffen, eine Decke an der immer gleichen Stelle, auf die sie sich zurückziehen kann. Ein Rückzugsort, wo sie sich sicher fühlt, wo sie sich wohl fühlt. Wenn sie sich hier verkriecht, dann stören wir sie nicht.

Streicheln mit dem Besenstiel-Handschuh. So konnte Frau Ueding in den letzten Monaten das Vertrauen von Acani gewinnen.

Wir haben ihr nun im Laufe der ersten Übungsstunde die Decke weggenommen –- eine Veränderung, die sie irritiert hat, auf die sie mit Unruhe reagiert hat. Denn noch bedeutet diese Decke an diesem bestimmten Platz für Acani Sicherheit und Geborgenheit. Wir müssen ihr nun Schritt für Schritt klar machen, dass ihre Sicherheit natürlich nicht von einer Decke abhängt, sondern von Frau Ueding. Bei ihr gibt es Futter, Streicheln, klare Kommunikation. Wo auch immer Frauchen sich aufhält, da kann ich mich wohl fühlen. Auch im Garten, wenn sie jemand leicht bedrängt, sucht sie Zuflucht bei Frau Ueding.

Acani hat zwar auch Angst vor Hunden, aber nicht im gleichen Maße wie vor Menschen: Trotz der qualvollen Enge auf dem schrottplatzähnlichen Hinterhof mit hohen Mauern hatten die Hunde unter sich eine Art Rangordnung hergestellt. Acani hatte keine Bissverletzung, wohl aber im Lendenbereich kahle, wundgescheuerte Flächen, Folge von Vergewaltigungen und Zwangsdeckungen. Aber nicht irgendwelche Rüden, die da aufsprangen, waren Acanis Problem, sondern der Mensch, der sie gewaltsam daran hinderte, sich artgemäß zu verhalten. Also entweder den Rüden abzubeißen oder sich der Situation zu entziehen. Sie hatte keine Distanzierungsmöglichkeiten.

Von Anfang an war es nicht ihr zentrales Problem, in Menschennähe zu sein. Solange Frau Ueding regungslos im Zimmer saß, war das in Ordnung. Das Problem war aber, auf Acani zuzugehen. Sobald ihre Individualdistanz überschritten wurde, verfiel Acani in Starre und Panik.

Der Trick mit Handschuh und Stock als verlängertem Arm bedeutete also einfach, ihr diese Schutzdistanz zu lassen und ihr trotzdem zu zeigen: Berührung ist nicht Zwang und Gewalt. Selbstverständlich darf man diese Methode nicht anwenden, wenn ein Hund nun ständig mit einem Stock geschlagen wurde, also seine Erfahrung und Angst genau damit verknüpft ist.

Die Individualdistanz

Mit Individualdistanz bezeichnet man den Radius, den ein Lebewesen um sich herum als »Höflichkeitsabstand« fordert. Diese hängt sowohl vom Gegenüber ab als auch vom Gemütszustand des Tieres.

Es handelt sich also nicht um eine festzulegende Entfernung, sondern sie ist abhängig:

- von der Reizlage (Laune und Sozialisierung) des Hundes,
- von vorhandenen begehrlichen Objekten (Spielzeug, Knochen),
- vom Territorium und
- von der Rangordnung des Störers und ob er überhaupt zur sozialen Gruppe gehört.

Natürlich zieht der Hund aus gemachten positiven und negativen Erfahrungen Rückschlüsse. Auch die genetische Disposition spielt hierbei eine Rolle. Wachhunde zum Beispiel zeichnen sich durch eine hohe Drohdistanz und eine kurze Angriffsdistanz aus. Es ist erwünscht, dass sie früh melden, aber nicht selbst angreifen.

Ohnehin muss man ganz genau feststellen, welches Trauma vorliegt. Hat ein Hund etwa aufgrund seiner Erfahrungen generell Angst vor Menschen oder Autos oder Zäunen, oder bezieht sich die Angst auf eine ganz bestimmte Situation oder ein Verhalten?

Wie unglaublich sensibel und differenziert Hunde Menschen und Umwelt wahrnehmen, zeigt sich etwa an folgendem Beispiel: Wir hatten einen Australian Shepard-Mix zum Training, der bei bestimmten Begegnungen mit Menschen völlig ausrastete. Ein hysterisch-panisches Fluchtverhalten, das Spaziergänge unmöglich machte. Denn ein Hund, der in Todesangst losrast, liegt bald unter dem nächsten Auto.

Hunde nehmen Menschen und Umwelt sehr differenziert wahr.

Die Vorgeschichte ist kurz und brutal: Jugendliche zwischen 13 und 16 Jahren hatten dem Hund einen Schraubenzieher seitlich unter die Schädeldecke gedrückt. Mal schauen, wie weit man reinkommt. Der Hund wurde samt Schraubenzieher ausgesetzt gefunden, im Tierheim verarztet und an neue Halter vermittelt. Ein wunderbarer Hund, mit dem sie gut zurechtkamen.

Es sei denn, Jugendliche in einem bestimmten Alter tauchten irgendwo am Horizont auf. Dann setzte das Panikverhalten ein, nie aggressiv, immer nur auf Flucht ausgerichtet. Ein Trauma also, das sich auf ganz bestimmte Merkmale bezieht und zeigt, dass der Hund das furchtbare Erlebnis nicht in Angst vor Menschen generell verarbeitet hat, sondern nur auf diejenigen reagiert, die ihn an die Peiniger erinnern. Das zeigt auch, dass der Hund gut geprägt ist, dass er also zuvor viele positive Erfahrungen mit Menschen gemacht hat.

Ein solcher Hund wird nie wieder gelassen Leckerchen aus der Hand eines 14-Jährigen nehmen. Aber wir haben mit Training erreicht, dass er jetzt frei herumlaufen kann: Wenn er angesichts von Teenagern in Panik gerät, läuft er zu Herrchen oder Frauchen. Sie leinen ihn dann einfach an und gehen mit ihm weiter.

Ein anderes Beispiel für die enorme Differenzierungsfähigkeit von Hunden ist die Geschichte eines Rottweilerrüden, der von der Polizei bei einer Bordellrazzia beschlagnahmt wurde und vom Tierheim aus neue Halter fand. Ein zehn Jahre alter Hund, sanft und voller Vertrauen. Ausgerechnet der rastete aus, als die Halterin eines Tages mit kurzem Rock die Treppe runterkam.

Ein Ausraster mit allem Drum und Dran: Drohhaltung und Drohlaute, sofortiges Hochsteigen, Zähne blecken. Ein völlig verwandelter Hund.

Wir haben jede Menge Tests gemacht, um herauszufinden, wo der Auslöser für dieses Verhalten liegen könnte, ob es noch mehr mögliche Auslöser gibt, die noch nicht entdeckt worden sind. Ergebnis: Der Anblick kurzer Röcke löst bei diesem Hund aggressives Verhalten aus. Er reagiert nicht auf Hosen, nicht auf lange Röcke. Auch nicht auf Männer oder Frauen. Ich habe mich selbst auch im kurzen Rock gezeigt – das gleiche Hochsteigen und Ausrasten. Während sich der Hund durch unser simuliertes Anschreien oder Knüppelzeigen und Ähnliches überhaupt nicht beeindrucken ließ. Er zeigte auch keine weiteren erlernten Aggressionen.

Das ganze Verhalten beweist recht eindeutig, dass dieser Hund bewusst dazu abgerichtet worden war, kurzberockte Prostituierte zu bedrohen und in Schach zu halten. Ein aggressives, trainiertes Verhalten bei einem ansonsten nicht aggressiven, verträglichen Hund.

Angesichts des fortgeschrittenen Alters und des angeschlagenen Gesundheitszustandes des Rüden haben wir uns zu einem Kompromiss entschlossen: Frauchen trägt keine kurzen Röcke mehr und der Rottweilerrüde beim Spaziergang einen Maulkorb.

Vor Acani und Frau Ueding liegt noch ein weiter Weg, doch die beiden haben in kurzer Zeit schon erstaunlich viel erreicht.

Um auf Acani zurückzukommen: Die Arbeit ist deshalb so schwierig, weil wir es hier mit einem generalisierten Trauma zu tun haben. Sie hat in ihrem bisherigen Leben keinerlei positive Erfahrungen mit Menschen machen können. Im Gegenteil, die wenigen, die sie überhaupt zu Gesicht bekommen hat, haben sie massiv gequält. Und es waren vermutlich Männer. Dass Acani schon jetzt, nach nur wenigen Monaten, auch Herrn Ueding akzeptiert, ist eine ganz außerordentliche Beziehungsleistung beider Seiten. Ich möchte noch mal ganz ausdrücklich sagen: Nicht meine Mitarbeiterinnen oder ich sind die Therapeuten, sondern die Halter. Wir können nur sehr genau beobachten, Trainingspläne aufstellen und Anstöße geben. Es geht um eine Beziehungsarbeit, um eine gute Kommunikation. Deshalb nützt es auch gar nichts, wenn irgendjemand sagt: »Gib mir den Hund vier Wochen, und ich trainiere dir den zurecht.«

Die Hundehalter sind die eigentlichen Therapeuten.

Zorro, Zerra, Maddox, Django und Joy – Unruhe im Rottweilerrudel

Kein Zweifel. Hier sind wir nicht willkommen! Drei gedrungene Kraftpakete bellen sich die Seele aus dem Leib, als wir vorsichtig die Straße überqueren: Rottweiler. Sie rasen am Zaun entlang, springen hoch, drohen, knurren. Zutritt verboten. Alle tragen ordentliche bunte Halstücher um die dicken Nacken. Besonders der mit dem rosa Tüchlein tut sich hervor. Immer wieder hält er inne, starrt uns an, ein tiefes Grollen steigt aus der breiten Brust.

Und wir wissen, dass irgendwo da drinnen noch zwei weitere solcher Prachtburschen warten. Wir schauen uns verstohlen an. Ganz wohl ist eigentlich niemandem. Nur Martin Rütter hat schon seinen Tunnelblick. Aufmerksam studiert er die unfreundliche Kundschaft.

Wachhunde bei der Arbeit.

Die Haustür öffnet sich. Das Betätigen der Türklingel ist hier überflüssig. Ulrike Lederer-Hartel und Eberhard Hartel öffnen uns die Gartentür, entspannt und zufrieden mit ihrer Schutztruppe. Kaum stehen wir an der Seite von Herrchen und Frauchen, beruhigen sich die drei Halstuchträger, die immer noch durch einen Zaun von uns getrennt sind.

Erst einmal erhält Martin Rütter einen Zettel, auf dem die Hundenamen und die Farben der Tücher notiert sind. Das Begrüßungskomitee bestand also aus Zorro und seiner Schwester Zerra, beide fünf Jahre alt und unkastriert. Der rosa betuchte Eiferer ist Joy, mit 16 Monaten der Jüngste, ebenfalls unkastriert.

Anstarren ist in der Körpersprache der Hunde eine Drohung.

Heute geht es um aktuelle Unruhe, um Streitigkeiten und kleine Beißereien im Fünferrudel, zu dem noch Django und Maddox gehören, die jetzt schnaufend und neugierig aus der Haustür schreiten. Django mit grünem, Maddox mit orangefarbenem Halstuch: zwei mächtige, kastrierte Rüden.

Weil wir jetzt zusammen mit Herrchen und Frauchen im Revier stehen, gibt es statt Abwehr nun intensive Neugier. Und von Martin Rütter den Rat ans Fernsehteam, die Hunde ruhig anzusprechen und auch zu berühren, sie aber nicht intensiv anzustarren. Sie sollen sich mit uns vertraut machen, Anstarren aber ist nicht nur unhöflich, sondern aus Hundesicht eine Drohung.

Von oben bis unten werden wir erst einmal ausgiebig beschnüffelt, immer der Reihe nach, auch mal ein bisschen geschubst. Es folgt die Geruchskontrolle an Schuhen, Hosenbeinen und Händen. Wir bleiben still und freundlich stehen, weil wir an Missverständnissen keinerlei Interesse haben.

Frau Lederer-Hartel beobachtet uns amüsiert und erzählt beruhigende Geschichten. Wenn man mit ihrer Erlaubnis auf dem Grundstück ist, gehört man mit zur Familie. Das gilt für Menschen ebenso wie für fremde Hunde. Es ist ein weitläufiges Gelände, auf dem die beiden Reitpferde grasen, die sich durch aggressives Begrüßungsgebell nicht kirre machen lassen. Sie gehören auch zur Familie und nächtigen zusammen mit den Hunden im Stall.

Maddox und Django nehmen das Filmteam genauestens unter die Lupe.

Dann kommt der große Moment: Wir gehen, körpernah begleitet von Django und Maddox, zu den drei anderen rüber. Wir werden in aller Ruhe erwartet. Antreten zum Abschnüffeln. Django und Maddox machen gleich die Runde noch einmal mit. Der eine oder andere steigt auch mal an uns hoch, wir tun ganz unbefangen, und außer Aufdringlichkeiten passiert nichts. Eigentlich haben sie ganz liebe runde Gesichter, nette dicke Köpfe über den frisch gebügelten Halstüchern.

Vier Rottweiler beschäftigen sich bald wieder mit ihren eigenen Spielen. Sie tollen auf der großen Wiese herum, stupsen, kullern durcheinander, verhakeln spielerisch die Gebisse. Sie spielen Fangen und Wettrennen und lassen ihren Kräften freien Lauf.

Das Team gehört schon bald zur Familie

Der junge Joy beschäftigt sich lieber mit Martin Rütter. Kräftiges Stupsen zwischen die Beine, Zerren am Hosenbein – einmal hat er gar den ganzen Arm zwischen den Kiefern. Es ist wieder an der Zeit für den Hundehalterblues: »Der will nur spielen, der macht nix.«

Rütter wehrt den aufdringlichen Joy ab und ignoriert ihn. Keine Aufmerksamkeit, kein Kraulen – Joy verzieht sich zu seinen Artgenossen und

Joy will Martin Rütter gleich zu Beginn demonstrieren, wer hier etwas zu sagen hat. Er springt an ihm hoch und schränkt ihn, indem er sich quer vor ihn stellt, in seiner Bewegungsfreiheit ein.

mischt sie erst einmal ordentlich auf. Die Gruppe, die sich müde gespielt hatte, kommt wieder in Bewegung und rast um uns herum. Das rosa Halstuch ist anscheinend überall zugleich.

Martin Rütter erkundigt sich eingehender nach Joy, der ihm mit seinen Drohgebärden gleich bei unserer Ankunft deutlich aufgefallen ist: ein Hund, der nicht nur blufft, sondern es mit seinen Drohungen ernst meint.

Joy hat schon ein Zuhause hinter sich. Bekannte, die von den Hartel'schen Rottweilern fasziniert waren, ließen sich von ihnen aus einer guten Zucht den Welpen Joy vermitteln. Dass sich so ein junger Hund nicht von allein erzieht, war den neuen Haltern offenbar nicht klar. Dass gerade ein so starker Hund besonders viel Anleitung und Geduld braucht, bis aus ihm ein tüchtiger Erwachsener geworden ist, ließ sich einfach nicht vermitteln.

Ein längerer Krankenhausaufenthalt des Halters kam noch dazu. Bald verbrachte der junge Joy mehr und mehr Zeit bei Familie Hartel und ihren Hunden. Endlich zurück in seinem eigentlichen Zuhause passierte dem

Welpen ein Missgeschick: Er pinkelte auf den Teppich, weil sich niemand rechtzeitig um ihn gekümmert hatte.

Daraufhin wurde er schwer geschüttelt und geschlagen, dann stand der Entschluss der Halter fest: Einen so ungezogenen Hund verkaufen wir für gutes Geld an die Kampfhundeszene. Klar, dass die Hartels das Portemonnaie zückten, eine beträchtliche Summe auf den Tisch blätterten und den Welpen retteten. Und so hatten sie fortan fünf Rudelmitglieder.

Joy wurde vor der Kampfhundeszene bewahrt.

So langsam bekommen wir dank Rütters Idee mit den bunten Halstüchern etwas Struktur ins Geschehen. Waren wir zunächst von fünf schwarzbraunen Leibern umwuselt, sehen wir jetzt besser, wer mit wem spielt und tobt. Da hangeln sich Maddox und Joy keuchend am Boden und wälzen sich. Django und Zorro reiben sich seitlich aneinander. Zerra quetscht sich zwischen sie. Dann stürmen alle auf die große Wiese. Daraufhin interessiert sich Joy wieder für Martin Rütter, und Zerra richtet sich an Herrchen hoch und

Die Rettung von Joy ließ das Hunderudel auf fünf Mitglieder anwachsen.

lässt sich streicheln. Woraufhin nun sämtliche Rüden das Schmusepaar umringen.

Aber wo auch immer es freundschaftliches Gerangel gibt, kann man sicher sein, ein rosa Halstuch zu entdecken. Joy ist garantiert dabei: mit über 50 Kilogramm so stattlich wie die anderen drei Rüden auch, aber mit jugendlichem Ungestüm rempelnd und schubsend.

Dagegen erweist sich Zorro als echte Nummer eins: gelassen, selbstsicher, souverän. Rempeleien und Drohgesten hat er nicht nötig. Er geht kurz und korrigierend dazwischen, wenn zwei es beim Spielen zu toll treiben. Eine solche Situation war es wohl auch, die zu der Beißerei zwischen Zorro und dem nervigen Joy geführt hatte, dem Anlass für den Anruf beim Tierpsychologen.

Kastration entscheidet nicht über die Stellung im Rudel.

Die wahren Konflikte liegen woanders, erläutert Rütter. Viele spielerische Balgereien, viel Imponiergehabe findet um das rote Halstuch statt: Zerra, die einzige Hündin unter lauter Jungs hier, steht im Zentrum – und das weiß sie auch. Wenn sie sich zwischen zwei Rüden schiebt, dann nicht, um mit weiblicher Einfühlsamkeit Frieden zu stiften, sondern um klarzustellen, dass sie am wichtigsten ist. Wenn es ihr zu bunt wird, zieht sie sich als Einzige zurück. Sie steigt die Kellertreppe hinunter und legt sich dort auf ihre Matte.

Über diesem Rudel liegt eine sexuelle Spannung. Auch für Maddox und Django, die erst spät aufgrund von Erkrankungen kastriert wurden und beim Buhlen um Zerra engagiert mitmachen.

Junior Joy drängt sogar den gelassenen Zorro immer mal in die Enge. Ein höchst aktiver Halbstarker, dem Rütter den Ehrgeiz anmerkt. Ob er Zorro einmal ablösen kann in der Rudelführung, wird sich noch zeigen. Denn die gehört nicht den lauten Remplern oder gar aggressiven Hunden, sondern dem ausgeglichensten, selbstbewusstesten. Dem, der den klarsten Kopf behält, wenn es gilt, die Truppe zu schützen und internes Gezänk zu regeln.

Einer Sofortmaßnahme stimmen die Hartels gleich zu. Um zumindest eine Spannung aus der Gruppe zu nehmen, soll Zerra kastriert

Zerra, die einzige Hündin unter den vier Rüden, ist die wahre Nummer eins im Rudel. Alle Jungs buhlen um ihre Aufmerksamkeit.

werden. Das löst zwar keine Verhaltensprobleme, aber es rückt die Hündin erheblich aus dem Zentrum des Interesses ihrer Rüden. Auch den Hinweis Rütters, Zorro und Joy nicht unbeaufsichtigt allein zu lassen, sondern die Gruppe zu trennen, wenn die Menschen keine Zeit haben, verstehen die Hartels. Schließlich haben sie fast 20 Jahre Rudelerfahrung.

Ansonsten muss man die Entwicklung abwarten, Zorro und Joy mögliche Rangkämpfe austragen lassen, aber einschreiten, wenn es brenzlig wird.

Zum Abschluss unseres Hausbesuchs erwartet uns ein Erlebnis der ganz besonderen Art. Herrchen zieht die Badehose an. Die Hunde schnaufen und scharren schon ganz aufgeregt, als sich endlich die große Schiebetür zum hauseigenen Hallenbad öffnet.

Es ist Zerra, die als Erste die Stufen ins Wasser hinunterschreitet und mit einem gewaltigen Platsch hineinspringt. Bei 1,65 Metern Wassertiefe heißt es paddeln. Als Nächster traut sich Django. Er läuft aufgeregt ein paarmal die Stufen hin und her, dann der nächste Platsch, und 55 Kilogramm sinken in die jetzt aufgewühlten Fluten. Herr Hartel

Badespaß im Rottweilerrudel.

wirft bunte Bällchen, Maddox macht nun auch mit, Wasserfontänen spritzen bis zur Decke, die Hunde stürzen hinter den Bällen her und hinterlassen im Eifer des Gefechts den einen oder anderen Striemen auf Herrchens Rücken.

Ein unglaubliches Getümmel, die Kameraleute werden vom Aquaplaning erfasst. Eine eindrucksvolle Szene mit einem glücklichen Menschen zwischen den schnaufenden Hundeköpfen.

Zwei trauen sich noch nicht richtig und rennen wuffend und schlitternd am Beckenrand hin und her. Rudelführer Zorro und der sonst so nassforsche Joy. Obwohl auch sie unter freiem Himmel leidenschaftliche Schwimmer sind. Aber das Hallenbad ist erst vor kurzem fertig gestellt worden, und noch misstrauen die beiden der rutschigen Treppe.

Martin Rütter:

Die Familie hatte angerufen, weil es seit einiger Zeit Probleme im Rudel gab. Besonders zwischen zwei Rüden, die häufig und heftig aneinander gerieten. Noch nicht so stark, dass sich die Hunde wirklich an die Kehle gingen, aber es floss durchaus mal Blut. Ich habe dann vorgeschlagen, die Gruppe erst einmal zu trennen, um mehr Ruhe reinzubringen, und auch, um besser beobachten zu können.

Als wir ausstiegen, wurden wir dann von Dreien mit ständigen Scheinattacken empfangen: immer wieder Imponiergalopp, Bellen, Drohen aus der Distanz, immer auf und ab am Zaun entlang. Die Hunde haben ganz klar gemacht: »Hier ist eine Abgrenzung, bis hier und nicht weiter.« Dasselbe Verhalten haben sie auch gezeigt, als wir mit den Haltern auf dem Gelände standen. Das waren nicht einfach nur freundlich-neugierige Kontaktaufnahmen. Es war auch nicht aggressiv in dem Sinne, wie wir Menschen das bei Hunden erwarten, es gab kein Zähnefletschen oder Beißen. Es gab aber ständigen Körperkontakt, Stupsen, Sich-quer-vor-die-Füße-Stellen, die so genannte T-Stellung, um den Bewegungsspielraum des Besuchers mal kurz einzuschränken. Es war ein klares, territoriales Verhalten: »Das ist unser Haus und nicht eures.«

Die Hunde machen klar: Bis hierher und nicht weiter …

Schon am Zaun hatte ich den Eindruck, dass zwei der Hunde einfach blufften: Sie versuchten, uns mit Gebell und Galopp zu beeindrucken. Dem dritten allerdings war es ziemlich ernst: Er hielt ständig an, fixierte uns mit tiefem Grollen, drängte die anderen vom Zaun ab – auffallend! Tatsächlich stellte sich dann heraus, dass es sich um den jüngsten des Rudels, den Rüden Joy, und somit um den »Unruhestifter« handelte.

Außerhalb der Hitzephase der Hündin kommt es zwar zu Rangeleien, doch verlaufen diese meist spielerisch.

Als dann noch die beiden kastrierten Rüden aus dem Haus dazukamen, war klar zu erkennen, dass es innerhalb des

Rudels nur um eine Sache geht: Wer hat die Gunst der einzigen Hündin? Um nichts anderes ging es – da lag der Schwerpunkt aller Aktivitäten. Es ging viel weniger darum, wem welche Liegestelle gehört, wer am Zaun stehen darf oder Ähnliches.

Vor allem Django mit dem grünen Halstuch versuchte es immer wieder mit Drängeln, er schob sich häufig zwischen die Hündin und die anderen Rüden. Wenn das nicht klappte, gab es frustriertes Bellen, Weglaufen, Sich-wieder-Randrängeln. Zorro, der älteste Rüde, zeigte bei solchen Szenen starke Präsenz – sehr eindrucksvoll und ruhig: »Hey, hier bin ich.« Was in der Regel schon reichte, denn er ist ganz klar momentan der Ranghöchste.

Zerra – allein unter Rüden.

Alle vier Rüden sind stark an der Hündin interessiert, vor allem einer der Kastraten buhlte ständig um sie. Woran man deutlich erkennt, dass Kastration weder zwingend ein Kriterium für die Entwicklung eines Hundes noch für seine Stellung im Rudel ist. Und natürlich kann Kastration nicht das Erziehungstraining ersetzen.

Die Problematik im Rudel besteht nicht in der Mischung aus kastrierten und unkastrierten Rüden. Die Unruhe ist durch die Hitzephasen der unkastrierten Hündin bedingt. Klar, dass dann Hochspannung zwischen den unkastrierten Rüden Zorro und Joy herrscht. Und zugleich auch große Frustration, denn sie dürfen sie nicht decken. Und über diesen Frust wird weitere Aggression freigesetzt.

Natürlich haben sie dann Rangordnungsprobleme. Aber in die sind auch die Kastraten mit einbezogen, weil sie zu einer Zeit kastriert wurden, als sie schon geschlechtsreif waren und wussten, wer die Dame des Hauses ist.

Um überhaupt wieder Ruhe in die Gruppe zu bringen, ist mein erster Ratschlag, die Hündin kastrieren zu lassen. Die Lederer-Hartels hatten schon beschrieben, dass es außerhalb der Hitzephasen zwar Rangeleien und Streitigkeiten gibt, aber keine heftigen Attacken. Prinzipiell kann eine Hündin gut mit vier oder sieben oder beliebig vielen Rüden leben, wenn diese untereinander eine vernünftige Struktur entwickeln.

Für die Rangfolge in dieser Gruppe ist es kaum von Bedeutung, ob ein Hund kastriert ist oder nicht. Wenn man jetzt Zorro kastrieren würde, würden sich die anderen keinesfalls auf ihn stürzen und sagen, der kann jetzt nicht mehr unsere Nummer eins sein.

Der junge Rüde Joy setzt sich durch extrem extrovertiertes Verhalten in Szene. Er springt, hüpft, provoziert, rempelt viel. Er sucht sozusagen permanent den Wettbewerb, er möchte es wissen, geht ständig die anderen an. Ein sehr körperlicher Hund mit schroffen, rauen Spielformen. Er hatte mich unter anderem mit einem schmerzhaften Stoß in die Genitalien begrüßt.

Extrovertiertheit als Charaktereigenschaft – ein Hund, der sich eben auf diese Weise bemerkbar macht. Das ist nicht nur jugendlicher Übermut. Die Hoffnung, das wachse sich mit den Jahren schon aus, trügt. Im Gegenteil, je älter er wird, desto stärker werden solche Verhaltensweisen werden. Er wird sicherlich nicht mehr so häufig gegen andere Hunde springen. Aber wenn er springt, dann wird das ziemlich kräftig sein und ziemlich ernst. Zurzeit ist er noch jung, aber er übt schon mal für den Ernstfall: Er zeigt beispielsweise sehr lange Drohsequenzen. Während die anderen bei der Begrüßung eine regelrechte Show veranstalteten, stellte sich Joy immer wieder hin und fixierte uns. Tiefes Grollen, kurzer Galopp, dann stillgestanden zum Fixieren. Eine strategisch sehr ausgefeilte Sequenz bei einem so jungen Hund.

Ich wäre prinzipiell dafür, einen Hund wie Joy zu kastrieren. Aber nicht, weil sich dadurch im Handumdrehen irgendwelche Verhaltensprobleme lösen ließen. Sondern weil ich der Meinung bin, dass sich so dominant veranlagte Hunde nicht fortpflanzen sollten. Denn welchen Sinn macht es, Hunde zu züchten, die in unserer Menschengesellschaft leben und dort ihre eigenen Instinkte nicht ausleben dürfen und somit hochfrustriert sind? Denn Frustration bedeutet Aggression. Ich weiß, dass ich mir damit wieder viel Kritik zuziehen werden, auch von Fachkollegen. So ein prächtiger junger Rottweilerrüde unters Messer?

Doch bei Joy rate ich dringend zur Kastration, noch ehe er voll geschlechts-

Joy ist mit seiner Position im Rudel nicht zufrieden. Er ist einer der wenigen Hunde, die Martin Rütter kennt, die ernsthaft in der Hierarchie aufsteigen wollen.

reif ist, denn dann werden die Probleme im Rudel sicherlich massiver. Mit »voll geschlechtsreif« meine ich jetzt nicht die biologische Funktion, sondern eher das Bewusstsein, erwachsen zu sein.

Jetzt ist er noch ein Junge, doch je mehr Erfahrungen er sammelt, desto gefestigter werden seine Verhaltensmuster. Was er schon jetzt von der Läufigkeit der Hündin mitbekommen hat, bedeutet für ihn Stress mit anderen Rüden, da ist dann richtig was los. Man sollte ihn kastrieren lassen, ehe er drei Jahre alt und ein unangenehm dominanter Hund geworden ist.

Joy ist ein Pöbler, er möchte aufsteigen. Einer der wenigen Hunde, die ich kennen gelernt habe, der sich mit seiner Position nicht zufrieden gibt. Zusätzlich wird er nicht genug geführt, denn insgesamt werden die Hunde ja in diesem Fall eher demokratisch behandelt. Die Menschen haben zum Beispiel die unangefochtene Führungsposition von Zorro gegenüber Joy nicht klar genug herausgestellt. Wenn sie ganz klar machen würden, dass Zorro für sie der wichtigste Ansprechpartner ist, würde sich Joy nicht so extrem entwickeln, wie ich das befürchte.

Joys stark extrovertiertes Verhalten ist keine Frage des Alters.

Und natürlich hätten sie jetzt mehr Ordnung im Rudel, wenn sie Zorro klar unterstützt hätten, als Joy noch klein war und gerade ins Haus kam. Jetzt gibt es schon Situationen, in denen es nur noch 60:40 für den Rudelältesten Zorro steht.

Eine Kastration von Zorro ist aus meiner Sicht nicht nötig. Er ist ein gelassener Hund, er hat den Überblick und weiß, dass er der Ranghöchste ist. Er ist ziemlich ruhig und souverän und braucht sich nicht mit Imponiergehabe abzugeben. Wenn es mal ernst wird, Joy also einen anderen Hund massiv einschränkt, dann wird Zorro dazwischengehen. Und dann kann es schnell ernst werden, denn dann ergibt sich eine 2:1-Situation, die entgleisen kann.

Aus Frustration entsteht Aggression.

Derzeit kann man nur die Entwicklung abwarten, beobachten, sich raushalten. Man muss natürlich eingreifen, wenn es zu einer kritischen Situation kommt und Verletzungen drohen. Ansonsten können Menschen jetzt nur noch als Regulativ fungieren. Die Rangordnung werden Zorro und Joy unter anderem über Fixieren, Knurren, über die ganze Drohpalette unter sich ausmachen. Es ist sinnvoll, sie manchmal zu trennen, damit es nicht zu echten Attacken kommt. Und zwar so zu trennen, dass sie sich nicht durch einen Zaun sehen können, dann käme noch mehr Frustration zu der ohnehin starken Dynamik hinzu.

Demokratie ist für Hunde asozial

Demokratie durchsetzen zu wollen, nur weil sie aus Menschensicht fair ist, ist nicht hundegerecht, sondern erzeugt unter den Tieren Unsicherheit und Aggression.

Ressourcen wie Futter, Spiel und Sozialkontakt müssen gemäß der Hundehierarchie gezielt und gut dosiert verteilt werden, zum Beispiel sollte das ranghöchste Tier in der Regel zuerst fressen, zuerst spazieren gehen, den begehrtesten Ruheplatz haben und die meisten Streicheleinheiten bekommen. So entstehen erst gar keine Fragen, und das entspannt die Tiere.

Abgesehen von den Problemen unter den Hunden ist natürlich ihr Verhalten gegenüber Menschen auch nicht optimal. Intensives Beschnüffeln, Anspringen oder gar Stupsen in den Genitalbereich sind ausgesprochen distanzlos und aufdringlich. Andererseits ist die Gefahr immer groß, dass in einer Gruppe von fünf Hunden die Erziehung entgleitet. Eigentlich müssten die Hartels mit jedem einzelnen Hund trainieren, wie er sich zu benehmen hat, ihm also über Nichtbeachtung und positives Verstärkungsverhalten mehr Zurückhaltung beibringen. Dann in Zweier-, Dreiergruppen, bis alle einbezogen sind.

> Manchmal ist es sinnvoll, Hunde zeitweise zu trennen.

Aber da die Hunde nun zum Teil seit fünf Jahren zusammenleben, wird es seine Zeit brauchen, bis man sie durch Training erzogen hat. Zurzeit würde ich also bei Fehlverhalten ganz klar korrigieren: Wenn Joy mich bei einem heftigen Begrüßungsritual stupst, ins Bein kneift, in die Jacke zwackt und dann noch den ganzen Unterarm ins Maul nimmt, dann muss das eigentlich heißen: anleinen und erst einmal raus aus der Gruppe. Damit ihm klar wird, dass es nicht um seinen Besuch geht, sondern um den seiner Halter. Im Notfall muss man den einen oder anderen oder auch alle zusammen ganz wegsperren, wenn jemand kommt.

Insgesamt ist die Situation sehr vielschichtig. Vor allem, wenn die große Komponente »menschliche Emotionalität« hinzukommt. Wie so viele Hundebesitzer schauen auch die Hartels oft mit der rosa Brille auf ihre Hunde. Vieles an Zwicken und Schnappen wird mit dem Kommentar »Der will nur spielen« verharmlost. Sie müssen dieses Rudel wie Außenstehende betrachten und sich fragen: »Was passiert hier, was macht wer?« Denn durch das massive Auftreten des jungen Joy ist in diesem Rudel vieles nicht geklärt und in Bewegung.

Die ganze Situation ist für die Hunde sehr anstrengend. Die Regeln verschieben sich immer wieder, vor allem, weil auch die Menschen hier Einfluss nehmen. Und deren Verhalten ist für die Hunde nicht immer lesbar.

Auch bei mehreren Hunden im Rudel ist Einzeltraining unerlässlich.

Zum Beispiel: Herrchen oder Frauchen nehmen einfach mal die Hündin in den Arm und schmusen mit ihr. Sofort kommen sämtliche Rüden dazu und verbreiten Stress. In der nächsten Sekunde gibt es eine Rauferei. Ohne genaues Hinsehen wird dann ein Hund herausgegriffen, am Halsband gepackt und ins Haus gebracht. Für die anderen heißt das: »Der erhält besonders viel Aufmerksamkeit. Aber wofür eigentlich?«

Es ist also noch zu wenig System drin, zu wenig Klarheit, wer eigentlich was darf. Wofür bekommt ein Hund Privilegien wie etwa intensives Schmusen?

Es gibt zurzeit einen klaren Trend: Über 50 Prozent der Leute, die zu uns ins *Zentrum für Menschen mit Hund* kommen, leben mit zwei oder mehr Hunden zusammen – was ich sehr spannend und lehrreich finde. Vor allem ist es interessant, zu beobachten, wie Hunde miteinander umgehen, wie sie sich erziehen, wie sie ihre sozialen Angelegenheiten untereinander regeln.

Die Kommunikation unter Hunden ist komplex und spannend.

Probleme gibt es immer wieder, wenn die Halter statt zu beobachten mit emotionalem oder gar sentimentalem Blick diese Kommunikation durcheinander bringen. Als Beispiel hier die Geschichte zweier Rhodesian Ridgebacks, zweier unkastrierter Rüden.

Der Zehnjährige war als Welpe zur Familie gekommen. Als er fünf war, kam der zweite Rüde hinzu, ebenfalls als Welpe. Fünf Jahre lang herrschte pure Harmonie. Nicht zuletzt, weil die Halter den Integrationsprozess klug

Der Trend geht zu »mehr« Hund. Immer mehr Menschen leben mit zwei oder mehr Hunden zusammen. Es kann überaus spannend und lehrreich sein, zu beobachten, wie die Tiere miteinander umgehen und sich gegenseitig erziehen.

begleiteten. Der Ältere war die Nummer eins, der Jüngere hatte keinerlei Probleme damit.

Dann kam der Tag, an dem das Verhältnis sich umzuschichten begann. Der Fünfjährige stellt sich vor den Zehnjährigen, der an seinem Lieblingsplatz döst. Er fixiert ihn kurz, der Ältere nimmt die Ohren herunter – und räumt den Platz. Der Fünfjährige legt sich hin.

In den nächsten Tagen lässt der Ältere dem Jüngeren den Vortritt beim Fressen, der Junior markiert, wenn der Senior kommt.

Rangordnung ist nicht starr.

Für mich eine ganz natürliche Entwicklung. Der Ältere ist so gelassen und souverän, dass er sagen kann: »Ist in Ordnung, Zeit für mich, in Rente zu gehen.« Der Fünfjährige hat registriert, dass der Partner älter und müder wird, jetzt übernimmt er. Ein schleichender Prozess über drei, vier Monate, der ohne jegliche Aggression stattfindet – es verändert sich einfach etwas, es entsteht etwas Neues.

Aber die Menschen: Es fließen Tränen, weil der geliebte Alte nun »degradiert und abgekanzelt« wird – das können sie einfach nicht ertragen. Sie gehen also dazwischen, bevorzugen weiterhin den Zehnjährigen, ihren ersten Hund, der ihnen ganz besonders ans Herz gewachsen ist.

Sentimentalität kann zu großen Problemen führen.

Die Situation eskaliert in einem völlig banalen Augenblick: Der Jüngere will zuerst durch die Tür, die Menschen halten ihn fest und zwingen dem Älteren dieses Privileg auf. Die Folge ist eine massive Beißerei.

Der Jüngere attackiert den Älteren, der gerät in die Defensive und wehrt sich, um seinen Körper zu schützen. Und weil der Jüngere tatsächlich stärker und fitter ist, verletzt er den Älteren sehr schwer.

Eine Schlüsselsituation, nach der diese beiden Hunde nicht mehr zusammenleben können. Die Halter entscheiden sich schweren Herzens für den Älteren und geben den Jüngeren zur Schwiegertochter, halten aber Kontakt. Wenn der Ältere mal nicht mehr ist, werden sie ihn zurückholen.

Ein Beispiel, welche Fehler man durch Sentimentalität machen kann. Rational war den Haltern völlig klar, was abläuft. Trotzdem haben sie emotional reagiert, vor allem weil sie die Ernsthaftigkeit und die Heftigkeit des Prozesses unterschätzt haben. Nach fünf Jahren harmonischen Zusammenlebens hatten sie eher Gerangel, ein paar kleine Streitigkeiten erwartet.

Laura – immer im Mittelpunkt

Es ist kein Problem, zu erraten, welches der 15 beim »Zentrum« geparkten Autos zu Nicole Schüller und Oliver Kutsch gehört, denn drinnen bellt Laura. Sie kann ihre Menschen sehen und will zu ihnen. Laura bellt ebenso, als sie aussteigen darf. Sie weiß, dass sich in Nicoles Tasche ein Futterbeutel befindet.

Laura bellt auch um Aufmerksamkeit, als sich das junge Paar mit Martin Rütter zusammensetzt, um über Lauras intensive Lautäußerungen zu sprechen. Denn außer verschiedenen Varianten von Bellen kann sie auch quietschen, jammern, fiepen, herzzerreißend jaulen und erbärmlich winseln. Eigentlich bewundernswert breit gefächerte

Fähigkeiten, ist doch Stammvater Wolf ein eher stilles Tier, das vor allem körpersprachlich kommuniziert.

Laura kann natürlich auch beides kombinieren, etwa Winseln oder Quietschen mit heftigem Drehen um die eigene Achse, was dann ihre Halter zwischen Mitgefühl und Genervtheit schier verzweifeln lässt: Was hat der Hund, was will der Hund, was fehlt dem Hund?

Erster Therapieschritt für Laura: Ab sofort werden die Mahlzeiten Cracker für Cracker aus Frauchens oder Herrchens Hand eingenommen. Es gibt immer nur dann Futter, wenn Laura wirklich keinen Laut von sich gibt. Wenn sie ruhig und aufmerksam ist, nicht drängelt, nicht bedrängt, nicht auffordert. Dann folgt sofort die positive Verstärkung: »Und jetzt schnell den Keks rein!«, sagt Martin Rütter, als Laura kurz schweigt.

Der Erfolg des Umlernens hängt vor allem davon ab, dass die Zweibeiner beim Training durchhalten: Natürlich zuckt es Nicole Schüller in den Fingern, ihrer Laura für zwei Sekunden mittels Futter das Maul zu

Lauras Interesse ist geweckt.

stopfen. Aber auch bei der Hundeerziehung ist Nachhaltigkeit die klügere Methode – zwischen 6.000- und 20.000-mal Üben braucht es, bis auch beim begriffstutzigsten Hundeschüler aus einem oberflächlichen Mitmachen ein stabiles neues Verhaltensmuster entstanden ist.

Durch konsequente positive Verstärkung des erwünschten Verhaltens lernen Hunde sehr schnell.

Wer nachzählt, wie oft er so pro Tag »Nein!« oder »Lass das!« sagt, wenn Sofakissen geschüttelt und Blumentöpfe durchstöbert werden, der merkt, dass es eigentlich nur um wenige Wochen geht. Die gelehrige Laura durchblickt den Trick schon während des Gesprächs beim Therapeuten: »Eigentlich brauche ich gar nicht so einen Aufstand zu machen, ich kriege was fürs Nichtstun.«

Auch wenn die meisten Hundehalter überzeugt sind, dass ihre Hunde sie sehr genau verstehen: Verbale Rechtfertigungen und faire Begründungen nach dem Motto: »Sei bitte fünf Minuten still, ich führe ein wichtiges Telefonat!« fruchten wenig. Die gut gemeinte Ansprache zeigt dem Hund eigentlich nur, dass er mit Gebell und Störmanövern eben doch Aufmerksamkeit bekommt.

Als Martin Rütter zwei Wochen später zwecks Hausbesuch die Klingel drückt, hört man zwar die bekannte Stimme bis auf die gegenüberliegende Straßenseite, aber der Geräuschpegel bei Schüller/Kutsch insgesamt ist doch deutlich gesunken. Schnell und wissbegierig wie die Multimixhündin ist, macht ihr das interessante neue Verhalten von Herrchen und Frauchen offenbar Spaß. Es tut eben auch Hunden gut, wenn sie klar erkennen können, was der Sozialpartner eigentlich genau will. Und auch zu erkennen, wo die Grenzen sind.

Laura kam mit zwei Jahren aus dem Tierheim zu Nicole, trottete bei Fuß und ohne Leine durch die Kölner Südstadt und räumte auch ohne Knurren das Bett, als Herrchen in ihr Leben trat. Als die drei dann den Traum vom Haus mit Garten wahr machten, fing ganz allmählich eine Veränderung in Lauras Verhalten an: immer heftigeres Verbellen von Artgenossen. Das war so nervtötend, dass man das Haus nur noch nach links verließ, um Begegnungen mit dem Nachbarhund zur Rechten zu vermeiden. Verantwortlich für zwei Menschen und ein eigenes Revier in Gestalt des Gartens, drehte Laura immer mehr auf. Unruhe im Haus, auf jede Kleinigkeit wird reagiert, zehn-, manchmal 15-minütiges Bellen, wenn sich Nicole und Oliver fürs Gassigehen vorbereiten.

Eine schleichende Entwicklung, die die beiden auf den Umzug, die neue Umgebung oder den Leinenzwang in der Gemeinde schieben. Bis Laura schließlich alle Register zieht, um Aufmerksamkeit zu bekommen, und die Hundefreunde sich eingestehen, dass es so nicht mehr weitergehen kann.

Seit dem Umzug aufs Land dreht Laura immer mehr auf: Sie bellt bei jeder Kleinigkeit und kriegt sich gar nicht mehr ein.

Hund und Halter finden kaum noch Ruhe. 100 Meter spazieren gehen mit Laura, und Herrchen und Frauchen zanken sich bereits heftig über Erziehungsgrundsätze. Soll man der flippigen Hündin nun mit lauter Lieblingsspeisen ein paar Kilogramm Gelassenheit auf die Rippen füttern? Oder aber Stubenarrest verordnen, wenn sie vor dem Rausgehen so ein Theater macht? Und überhaupt: strafen oder streicheln?

Mit Hilfe ihrer beiden Sozialpartner soll Laura nun über positive Verstärkung zu mehr Ruhe finden. Anspannung und Entspannung statt immer nur Partystress. Futterbeutel apportieren und dafür belohnt werden, ruhig und unaufdringlich sein und belohnt werden. Außerdem kann so noch einmal eine wichtige Erkenntnis vertieft werden: Wer das Futter hat, ist die Nummer eins.

Der Gang zum Therapeuten erfolgte aber auch, weil demnächst noch ein weiteres Familienmitglied Liebe, Nerven und Aufmerksamkeit beanspruchen wird: Ein Baby ist unterwegs. Nach über sechs Jahren als alleiniger Mittelpunkt der Familie muss Laura nun teilen.

Sie muss auf einige ihrer Privilegien verzichten und zugleich das Baby akzeptieren. Beim Hausbesuch gibt Martin Rütter Tipps, wie man Ruhezonen zwischen Hund und Kind schafft: Ab sofort darf Laura das künftige Babyzimmer nur noch selten, bald aber gar nicht mehr betreten. Tabu, und zwar noch ehe das Baby da ist, damit gar nicht erst der Eindruck entsteht, der Neuankömmling beschlagnahme einen Teil des vertrauten Reviers.

Hund und Kind im Haus: Das erfordert klare Regeln und Ruhezonen.

Kinder und Hunde, das sind Geschichten wunderbarer Freundschaften. Aber zur Freundschaft gehören eben auch Regeln und gegenseitiger Respekt – der Hund lässt Kinderzimmer und Kind in Frieden, das Kind Ruheplatz und Hund. Kein Ohren- und Schwanzziehen, wenn sich der Hund auf seine Decke zurückzieht.

Wie Laura überhaupt reagiert, wenn Nicole und Oliver sich intensiv mit etwas anderem beschäftigen, testet Martin Rütter mit dem bewährten Futterbeutel. Den nimmt Nicole an Kindes statt zärtlich auf den Arm, trägt ihn herum, setzt sich mit ihm hin. Und siehe da, die noch vor kurzem so ungeduldige Hündin lässt zwar keine Sekunde den Beutel aus den Augen, aber sie drängelt auch nicht, macht keine Versuche, danach zu schnappen, setzt sich auf Kommando brav daneben.

Für Laura wird sich einiges ändern: Ein Baby ist unterwegs. Sie wird in Zukunft auf einige Privilegien verzichten müssen.

Der zweite Versuch mit einer lebensgroßen Babypuppe ist noch positiver: Die interessiert Laura nun gar nicht. Und so sitzen die

Der Agility-Parcours ist wichtig für Laura, denn dabei handelt es sich um ein Spiel ganz für die Hündin und ihre Besitzer.

angehenden Eltern guter Hoffnung mit Hund in der Nachmittagssonne und knuddeln ein Plastikbaby.

Und weil in Martin Rütters Brust beim Thema »Kind und Hund« ganz klar zwei Seelen schwingen, hat er etwas Besonderes für Laura dabei: ein mobiles Agility-Set, federleicht und in immer neuen Kombinationen einfach in Park oder Garten aufzustellen. Zwar umgeht die kluge Laura erst einmal die Hürde, um das Leckerchen ohne Hindernissprung zu ergattern. Aber dann lernt sie schnell, wie viel Spaß das Training mit Herrchen machen kann. Bis aus Laura hoffentlich mal eine entspannte Kinderwagen-Begleithündin geworden ist, kann sie mit dem Agility-Kurs im eigenen Garten ihre geistigen und körperlichen Fähigkeiten auspowern. Und dann ab ins Körbchen. So lernt Laura, sich mal eine Pause zu gönnen.

Sinn der Übung: ein Spiel ganz für sich und Frauchen oder Herrchen, geistige Herausforderung durch Konzentration, mehr Sicherheit durch engere Partnerschaft mit ihren Menschen – kurz: ein glückliches Hundeleben.

Martin Rütter:

Als ich Laura, Frau Schüller und Herrn Kutsch kennen lernte, war mein allererster Gedanke: »Wie schade, dass sie nicht früher gekommen sind. Nur noch sechs Wochen bis zur Geburt des Babys, da bleibt nicht viel Zeit.« Vor allem, weil Lauras quirliges Verhalten bereits stark ritualisiert war. Mein zweiter Gedanke war: »Was für ein armer Hund!« Laura ist so reizempfänglich und so aufgedreht, dass ihre Lebensqualität nicht besonders hoch ist. Immer hektisch, den ganzen Tag damit beschäftigt, Dinge einzufordern. Keine Geduld, keine Frustrationstoleranz: ein Leben in ständigem Stress.

Ein halbes Jahr Zeit, und man kann so einem Hund durchaus zu mehr Ruhe und Gelassenheit verhelfen: durch ein so genanntes Abschalttraining. Man bringt den Hund in eine Situation, wo ein Reiz vorhanden ist – ein eher geringer –, sodass er es gerade noch aushalten kann, wenn er dies oder das jetzt nicht bekommt. Wenn das klappt, kriegt er seine Belohnung, sodass der Hund allmählich lernt, dass der Erfolg größer ist, je entspannter er sich verhält.

Laura muss ständig Dinge einfordern und steht deshalb unter Stress.

Bisher war es bei Laura genau anders herum: Sechs Jahre lang hatte sie immer alle Aufmerksamkeit für sich. Und Herrchen und Frauchen fanden sie gut erzogen, sehr verspielt, sehr lebhaft und kreativ, was auch alles durchaus stimmt. Unbemerkt blieb aber, dass Laura eigentlich immer mehr abverlangte, immer neue Spielaufforderungen zeigte, auf jede Bewegung sofort reagierte. So in dem Sinn: Jemand zu Hause? Und ab geht die Party. Eine Daueranspannung, die auch kein Mensch durchhält.

Gestresste Hunde

Um das Verhalten eines hochgradig gestressten Hundes langfristig und nachhaltig positiv zu beeinflussen, sollte man darauf achten, dass der Hund möglichst über einen langen Zeitraum nicht in die auslösenden Situationen gebracht wird, und ihm Anleitung zu gelassenerem Verhalten geben.

Im akuten Fall ist es am besten, die Aufregung des Hundes zu ignorieren, ruhig aufzutreten und sich gemeinsam mit dem Hund aus der Situation zu entfernen. Sprechen Sie nicht mit dem Hund, und gehen Sie auch nicht in anderer Form besonders auf ihn ein, das würde in seinen Augen nur die Angemessenheit seines Verhaltens bestätigen.

Meine Angst war vor allem, dass der Hund irgendwann abgegeben werden muss, weil schlicht und einfach die Zeit nicht mehr ausreicht, wenn das Baby auf der Welt ist. Dieser Hund ist anstrengend, er kostet viel Kraft und Energie – und ein Säugling eben auch.

Schaffen wir es nicht, Laura von dieser dauernden Aufgeregtheit runterzubringen und ihr mehr Ruhe zu verschaffen, kann das schwierig werden: Wenn der Hund plötzlich erheblich weniger Aufmerksamkeit bekommt, wird er vorübergehend sehr viel nerviger werden, als er es jetzt schon ist. Und ungeduldig, wie er ist, kann er in seiner Frustration im ungünstigsten Fall sogar aggressiv werden.

Wenn dann irgendwann die Kraft nicht mehr da ist – hier das schreiende Baby, da der kläffende Hund –, dann heißt das leider oft, dass der Hund wegmuss. Und das ist für ein Tier, das sechs, sieben Jahre in so enger Gemeinschaft mit seinen Leuten gelebt hat, eine enorme Belastung. Und genauso für die Halter. Sie haben den Hund eher unbewusst vertüttelt und haben sich ja sehr verantwortungsvoll gesagt: »Wenn wir einen Hund haben, dann kümmern wir uns auch um ihn.«

Laura muss lernen, dass mit Gebell keine Aufmerksamkeit gewonnen werden kann. Sie muss deshalb immer dann gelobt werden, wenn sie Ruhe bewahrt.

Jetzt geht es also im Eiltempo daran, Laura beizubringen, dass bestimmte Bereiche in der Wohnung für sie tabu sind, das Kinderzimmer als Allererstes natürlich. Und dass sie schrittweise weniger Aufmerksamkeit erhält, und wenn, dann für unaufdringliches Verhalten. Das wird nicht nur den Nerven der jungen Eltern gut tun, sondern auch der aufgeregten Hündin.

Ob ein Baby kommt oder ein zweiter Hund – auch für Hunde ist das eine große Umstellung. Die einen nehmen es gelassen und freuen sich über weitere Sozialpartner. Andere müssen erst einmal lernen, dass sie nicht mehr die absolute Nummer eins sind, aber trotzdem zum Haushalt dazugehören.

Dabei können Kinder und Hunde eine wunderbare Beziehung eingehen, spielen, schmusen, fürsorglich sein, verantwortungsvoll. Wir bieten hier im »Zentrum« Kurse an, bei denen Kinder lernen, mit Hunden umzugehen. Es ist immer wieder ein Erlebnis, wie innig dieser Umgang sein kann. Aber er ist auch nicht ungefährlich: Schließlich ist es schon ein Unterschied, ob ein 30 Kilogramm schwerer Schäferhund mich oder ein siebenjähriges Kind anspringt.

Das Verhältnis zwischen Kind und Hund hat viel mit Akzeptanz und Toleranz zu tun.

Wir beobachten häufig, dass Leute mit Kind und Hund Riesenprobleme haben. Entweder der Hund hat Angst vor dem Kind, weil es ihn absolut nicht in Ruhe lässt. Oder im umgekehrten Fall gibt der Hund dem Kind gegenüber klar zu verstehen: Die Privilegien, die du hast, die will ich auch haben. Er versucht also, das Kind zu dominieren.

Kinder und Hunde müssen lernen, einander zu respektieren. Bis Laura zu einer ruhigen Kinderwagenbegleiterin wird, dauert es wohl noch einige Zeit.

Hund trifft Kind

Man sollte sich bereits im Vorfeld etwas Zeit nehmen, den Hund daran zu gewöhnen, dass er einige seiner Privilegien abgeben muss, um ein Konkurrenzverhältnis zwischen Kind und Hund gar nicht erst aufkommen zu lassen.

- Das zukünftige Kinderzimmer beispielsweise darf der Hund von nun an nicht mehr betreten.
- Hunde sehen kleine Kinder nicht als Ranghöhere. Achten Sie darauf, dass Ihr Hund nicht durch Rempeln, Anspringen oder Umkreisen auf seine Art erzieherische Maßnahmen ergreift. Er muss das Kind als Mitglied des Rudels, das außerhalb der Rangordnung steht, akzeptieren.
- Lassen Sie Hund und Kleinkind nicht unbeaufsichtigt.

Kind trifft Hund

- Das neue Mitglied der Familie sollte von Anfang an an respektvollen Umgang mit dem Hund gewöhnt werden. Das Kind muss die Zeichen des Hundes verstehen lernen und seine Individualdistanz einhalten. Achten Sie darauf, dass das Kind den Hund nicht hochhebt oder zu lange fest umarmt.
- Der Ruheplatz des Hundes ist für das Kind tabu.

Empfohlene Spiele

Spiel sollte für beide Seiten immer deutlich als Spiel erkennbar sein. Zerr- und Ziehspiele sollten Sie verbieten, und natürlich darf der Hund niemals das Kind jagen oder umgekehrt.

Das geringste Risiko birgt das Apportieren, das auch zu Such- und Stöberspielen erweitert werden kann. Ein Riesenspaß für Tier und Kind sind in meinem *Zentrum für Menschen mit Hund* die Kurse, in denen die Kleinen lernen können, den Hunden kleine Kunststückchen beizubringen.

Wir hatten einen Fall zur Therapie, da ging es um einen zehnjährigen Jungen und einen inzwischen fünfjährigen Rhodesian-Ridgeback-Rüden. Rhodesian Ridgebacks sind große Jagdhunde, die über 30 Kilogramm schwer und bis zu 70 Zentimeter groß werden. Als der Sohn fünf Jahre alt war, hatte man den Hund als Spielgefährten angeschafft. Und dann wurden bei der Erziehung des Hundes dermaßen viele Fehler gemacht, dass der Hund stark mit dem Jungen konkurrierte.

Die Folge: territoriale Eingrenzung. Der Hund bestimmte, welche Räume das Kind betreten durfte, wann ins Wohnzimmer, wann die Treppe runterkommen. Knurren, Fixieren, Verbellen, ernsthafte Drohgebärden – mit dem Ergebnis, dass der Junge total eingeschüchtert war. Beim Füttern des Hundes durfte das Kind sich auf keinen Fall bewegen, wollte es keine Scheinattacke riskieren.

Man kann auch einen solchen Hund noch umtrainieren. Aber da müssen dann alle Beteiligten mitmachen und Zeit und Nerven investieren. In diesem Fall habe ich nur dringend geraten, den Hund in gute Hände abzugeben. Wer weiß schon, was es für ein Kind bedeutet, sich im eigenen Haus, in der eigenen Familie nicht frei bewegen zu können? Und was das für das Verhältnis zu Hunden, aber auch zu den eigenen Eltern bedeutet?

Über die Frage, welche Rasse denn nun zum guten Familienhund taugt und was der überhaupt können muss, kann man endlos diskutieren. Sicherlich geht vieles leichter mit den eher phlegmatischen Rassen und Individuen, die so leicht nichts aus der Ruhe bringt. Hunde wie der Golden Retriever oder der Berner Sennenhund sind wenig wachsam, haben keinen starken Jagdtrieb, kaum Territorialinstinkte und sind auch keine hoch spezialisierten Arbeitshunde. Hunde, die eigentlich etwas infantil, also kindlich sind, sind vor allem im Umgang mit Kindern unproblematischer. Im Unterschied etwa zu denen, bei denen alle Instinkte sehr ausgeprägt sind.

Das heißt aber nicht, dass der Golden Retriever ein Familienhund ist, ein Husky aber keinesfalls. Es hängt schon stark mit der Haltung, der Erziehung und auch mit der Prägung als Welpe zusammen. Wir hatten im letzten Jahr zum Beispiel sechs Hunde zur Therapie, die so stark gestört waren, dass sie eingeschläfert werden mussten. Drei davon waren Golden Retriever.

Diese beliebte Rasse, die als »Familienhund« verkauft wird, wird inzwischen in großem, geradezu industriellem Ausmaß »produziert«. Das Ergebnis sind oft kranke, sehr aktive Tiere, die in der Prägephase keinerlei Unterstützung bekommen haben. Gerade bei einem Hund, der mit Kindern leben soll, muss man also sehr genau darauf achten, dass er aus einer sorgfältigen Zucht kommt, in der die Welpen viele Lernangebote erhalten.

Ein anderes Problem beim Golden Retriever ist natürlich genau das Etikett »familien- und kinderfreundlich«. Die werden dann gar nicht erst erzogen, weil man meint, das seien angeborene Fähigkeiten.

Man muss als Hundehalter schon auch dem Individuum und den Rasseeigenschaften Rechnung tragen, sonst geht die Beziehung in die Brüche. In jedem Hund steckt nun einmal ein starkes Raubtiergebiss.

Ob ein Hund ein guter Familienhund wird, hängt stark mit der Haltung, Erziehung und Prägung als Welpe zusammen.

Es gibt auch Rassen, die als Familienbegleithund wenig geeignet sind, weil bei ihnen ganz andere Charaktereigenschaften gezüchtet worden sind. Ein Hütehund wie etwa der Border Collie ist nicht darauf gezüchtet, Haus und Kinder zu »behüten«. Das ist ein Hund, der sehr arbeitswillig ist, der intensive Beschäftigung braucht, der gern kleine Aufgaben von Herrchen übernimmt. Sonst langweilt er sich, ist geistig unterfordert, zwackt unter Umständen irgendwann die Kinder, treibt sie ordentlich in der Ecke zusammen und lässt ihnen keinen Bewegungsspielraum mehr. Für einen Border Collie oder einen Australian Shephard reicht es nicht, wenn man einmal die Woche Agility macht und dreimal die Woche einen Ausflug mit dem Fahrrad. Sie brauchen Herausforderungen, denn dafür sind sie über viele Generationen gezüchtet worden.

Einem Kangal oder einem Kuvasz, zwei mächtigen Herdenschutzhunden, brauche ich nicht mit einem albernen Apportierspiel zu kommen. Da gucken die gelangweilt. Das sind Hunde, die auf Selbstständigkeit gezüchtet wurden, sie können allein und eigenständig Herden zusammenhalten und gegen Raubtiere und Eindringlinge schützen. Sie sind als arbeitslose Schmusehunde in der Großstadtwohnung komplett fehl am Platz.

Und was soll ein 70-jähriges Ehepaar mit einem zehn Wochen alten Deutschen Drahthaar, eine der jagdtriebigsten Hundrassen, die wir überhaupt haben? Diesem Hund können diese Menschen nicht gerecht werden, da werden beide Seiten nur unglücklich. Und der Leidtragende ist immer der Hund. Der wird zur geistig und körperlich total unterforderten Nervensäge und landet irgendwann im Tierheim.

Goldi – Allergie oder Selbstverletzung?

Es ist viel los im *Zentrum für Menschen mit Hund*: Eine Agility-Gruppe beim Training, ein junges Paar mit ihrem temperamentvollen Labradorwelpen beim Buchstabieren von »Komm«, »Sitz« und »Platz«. Ein großes Wohnmobil aus Wilhelmshaven steht schon seit einigen Tagen hier. Ein älteres Paar kämpft um seinen Schäferhund-Mischling, der als Jagdhund mit Elektroschocks und Schlägen abgerichtet wurde und schließlich ängstlich und gleichzeitig aggressiv im Tierheim landete.

Wir warten auf Markus Riebandt und Goldi. Als sie eintreffen, besteht kein Zweifel: ein Mann und sein Hund. Zwei, die eine lange Wegstrecke miteinander verbracht haben. Nicht nötig, den bedächtigen Golden Retrieverrüden zu ermahnen, sich mit dem Ausstieg aus dem Auto ruhig Zeit zu lassen. Goldi ist stattliche 14 Jahre alt, hat ein paar Kilogramm zu viel zu tragen und ist etwas steif in der Hüfte. Goldi lebt seit seinem dritten Lebensmonat mit Herrn Riebandt zusammen, ein eingespieltes Team, das die wilden Jahre hinter sich hat.

Ein Frotteetuch schützt Goldis empfindliche Haut.

Um den Hals trägt Goldi ein Frotteehandtuch, damit er überhaupt Halsband und Leine ertragen kann. Im Therapiezentrum herrscht außerhalb des Trainings Leinenzwang, denn unkontrolliertes Herumrennen oder gar Gerangel und Beißereien unter den Patienten sind hier nicht erwünscht. Goldis Beiß- und Kratzverhalten allerdings richtet sich gegen sich selbst: Am ganzen Körper finden sich Hot Spots – tiefe, nässende Entzündungen – oder abgeheilte Stellen, die aber handtellergroße Kahlstellen im Fell hinterlassen haben. Am schlimmsten ist es am Hals. Als Markus Riebandt das Frotteehandtuch abnimmt, müssen wir schlucken: Die Kehle umzieht ein großer nackter Fleck, der immer noch entzündet ist und nässt.

Die beiden haben schon eine Hand voll Tierärzte konsultiert, die sie mit Hautsalben eingedeckt und eine Allergie diagnostiziert haben. Herrchen möchte jedoch sichergehen, dass es sich nicht doch um ein psychisches Problem handelt. Denn er hat beobachtet, dass sich Goldi vor allem dann blutig kratzt, wenn er ihn auch nur für ein paar Momente allein lässt, etwa im Auto, um rasch einzukaufen.

Da macht sich Herr Riebandt wohl zu viele Gedanken. Auch Martin Rütter tippt eher auf eine Allergie, zur Sicherheit sollte man noch die Schilddrüsenfunktion überprüfen. Ein so gelassener Hund, eine so stabile Beziehung zwischen Herr und Hund – es gibt keine Anzeichen für autoaggressives Verhalten. Um Herrchen zu beruhigen, empfiehlt Rütter, für einen Tag eine Videokamera im Auto zu installieren, um zu beobachten, was passiert, wenn der Hund alleine gelassen wird.

Ablenkung kontra Langeweile.

Um Goldi zu helfen, gibt es noch einige einfache Tipps für den Alltag: Vorerst darf er nicht mehr schwimmen, bis diese furchtbaren, nässenden Stellen vor allem am Hals ganz abgeheilt sind. Sonst besteht die Gefahr, dass sie sich ständig neu infizieren. Und weil dieser Hund ein Schwergewicht ist, kann man eine kleine Diät gut mit mehr Abwechslung verbinden: ein hohler, sehr trockener Röhrenknochen etwa, in dem etwas Leckeres drinsteckt, Käse oder Wurst oder was Goldi gerne mag. Dann hat er viel Beschäftigung, hat viel zu knabbern und zu lecken, um an den Inhalt ranzukommen. Wenn er sich also langweilen sollte, dann denkt er eben nicht: »Könntest dich eigentlich mal kratzen«, sondern: »Könntest eigentlich mal Knochen knabbern.«

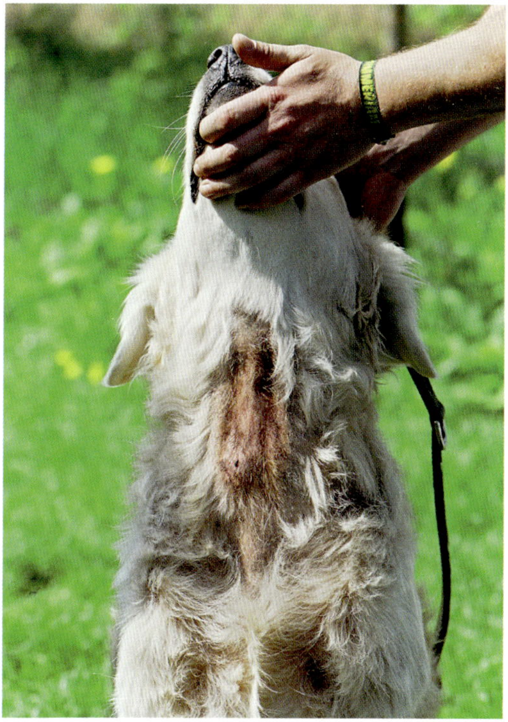

Goldi hat am Hals einen großen kahlen Fleck, der entzündet ist und nässt. Eine Allergie oder ein psychisches Problem?

Beißen, Knabbern bis zur Selbstverstümmelung, das sind dramatische Ausdrucksweisen von verzweifelten Hunden ganz anderen Charakters.

Martin Rütter:

Nach meinen bisherigen Eindrücken muss ich ganz klar sagen, dass mir Goldi weder gestresst noch frustriert vorkommt. Ich glaube auch nicht, dass er sich kratzt, weil er vielleicht dank des gesegneten Alters von 14 Jahren ein bisschen senil wäre. Mein Eindruck von Hund und Halter ist, dass hier eigentlich beziehungsmäßig alles stimmt und dass sich Goldi heftig kratzt, weil es ihn eben stark juckt.

Herr Riebandt kann ja mit unserer versteckten Kamera im Auto noch einmal Goldis Kratzverhalten überprüfen, aber tatsächlich gehe ich davon aus, dass es sich hier nicht um Kundschaft für den Psychologen, sondern für den Tierarzt handelt.

Allergie? Schilddrüsenprobleme? Letzteres kann man mit einer einfachen Untersuchung herausfinden. Eine Allergie genau zu diagnostizieren ist allerdings beim Golden Retriever sehr schwierig. Und angesichts des fortgeschrittenen Alters sollte man bei Goldi wohl eher auf Linderung denn auf mühsame Allergietests setzen.

Autoaggressive Hunde

Autoaggression ist gegen sich selbst gerichtete Gewalt, die durch psychische Störungen ausgelöst wird und beim Menschen bis hin zu Suizidversuchen führen kann.

Auch bei Tieren kommen derartige Störungen vor und haben meist regelrechte Selbstverstümmelungen zur Folge. Autoaggressionen beim Hund sind ein sehr ernstes Problem, das jedoch nur selten beim Therapeuten landet. Denn Hunde, die sich etwa die Pfoten dauerlecken und zerbeißen, sind meist nicht selbstsicher genug, um offen zu rebellieren, sodass die richtige Diagnose oft ausbleibt.

Auf Autoaggression verweisende Symptome sind zum Beispiel:

- Sich-wund-Lecken
- Sich-in-gesteigerter-Form-Beknabbern
- Die-eigene-Rute-Anbeißen

Bei autoaggressivem Verhalten sind vor allem die Pfoten und die Rute der Tiere betroffen. Suchen Sie einen Tierarzt auf, wenn Sie diese Verhaltensweisen bei Ihrem Hund feststellen, und bitten Sie ihn, im Zweifelsfall auch einen erfahrenen Hundetherapeuten für die psychologische Untersuchung zu Rate zu ziehen.

Ein so extrovertierter Hund wie der Dobermann Bill zeigt ganz deutlich, wenn ihm etwas nicht passt. Für ihn besteht kaum Gefahr, sich aus Verzweiflung selbst zu verstümmeln.

Autoaggressionen beim Hund, die bis zu Selbstverstümmelungen führen können, sind ein sehr ernstes Problem. Und eines, das nur sehr selten beim Therapeuten landet. Denn Hunde, die sich etwa die Pfoten dauerlecken und zerbeißen, sind meist Hunde, die nicht sicher genug sind, um offen zu rebellieren. Ihre stille, selbstzerstörerische Art wird nicht verstanden. Ein extrovertierter Hund wie der Dobermann Bill (s. S. 85) wird die gesamte Wohnung auseinander nehmen, um klar zu machen, dass etwas nicht in Ordnung ist. Es sind die stillen, introvertierten Hunde, die in sehr belastenden oder frustrierenden Situationen zu Autoaggression neigen.

Autoaggressionen beim Hund sind ein sehr ernstes Problem.

Wir hatten einen ganz extremen Fall hier, einen Labrador Retriever, der eigentlich Agility trainieren sollte, um etwas gegen seine »Faulheit« zu tun. Seine zerbissenen Zehen wurden gegen Grasmilben behandelt.

In der zweiten, dritten Trainingsstunde – der Hund machte ordentlich mit und zeigte keine Spur von »Faulheit« – erfuhr ich so nebenbei, dass dieser Hund zwischen neun und zehn Stunden täglich ganz allein in der Wohnung verbringt. Ich war total entsetzt, aber Frauchen meinte, das mache ihm gar nichts aus. Er habe noch nie rumgewühlt, die Wohnung in Unordnung gebracht oder irgendetwas zerstört. Er heult nicht, er jault nicht, er bellt nicht. Wenn sie abends den Schlüssel ins Schloss stecke, warte er schon im Flur und begrüße sie überaus stürmisch. Und fünf Minuten später liege er auf der Couch und schlafe bereits wieder tief und fest.

Die Angst vor dem Alleinsein kann Hunde unter Stress setzen.

Bei mir klingelten alle Alarmglocken gleichzeitig, und wir beschlossen, den Hund zu filmen, wenn alle Mitbewohner aus dem Haus waren. Wir installierten eine Videokamera im Wohnzimmer.

Sobald die letzte Person morgens den Haushalt verließ, verkroch sich der Hund in ein Eckchen neben dem Sofa. Er erstarrte. Jeder Muskel verhärtete sich, eine einwandfreie, starre Angstmimik mit weit aufgerissenen Augen. Stunden und Stunden blanken Horrors. Ein in sich gekehrter Hund, der nicht rebelliert. Halt lieber die Schnauze, mach dich klein! Wer weiß, was sonst noch passiert!

Bei der Rückkehr, wenn er Schritte und einen Schlüssel im Schloss hören konnte, biss er sich hoch erregt in die Pfoten. Dann die erwähnte stürmische Begrüßung, und der Hund fällt in einen tiefen Erschöpfungsschlaf, körperlich und seelisch fix und fertig.

Stille Zeichen werden oft übersehen.

Bei der Betrachtung des Videos haben die Halter geweint. Das waren keine Leute, die sich nicht für den Hund interessiert hätten. Sie haben schlicht die stillen Zeichen, die er gegeben hat, nicht erkannt.

Inzwischen gibt es eine gute Lösung für alle Beteiligten – eine Art Hundesharing. Tagsüber ist er bei einer anderen Familie, die Zeit für ihn hat. Abends im vertrauten Kreis. Ein putzmunterer Hund ohne Auffälligkeiten und »Grasmilben«.

Das Problem bei Autoaggressionen, die im schlimmsten Fall zu massiven Selbstverstümmelungen führen, sind häufig uneinsichtige Halter. Es ist immer ein tiefer Schock, wenn sie erfahren, dass sie den Hund durch ihr Verhalten dazu bringen, sich massiv selbst zu verletzen. Das will man lieber nicht hören. Dann kommt man dann hierher ins »Zentrum«, weil etwas ganz klar nicht in Ordnung ist. Und nach der ersten Einschätzung taucht man dann einfach nicht mehr auf.

Ein Ehepaar mit zwei Dalmatinerhündinnen etwa: eine Hündin, sechs Jahre alt und als Erste im Haus. Die zweite, drei Jahre alt, sie war als Zweithund dazugekommen. Beide Hunde kamen gut miteinander aus, es gab keine Fetzereien oder Bisse.

Die Sechsjährige war furchtbar verstümmelt – sie hatte sich die Fußballen völlig zerbissen. Ein klarer Fall, geradezu klassisch: Die dreijährige Hündin war ganz klar die Ranghöhere, beide verständigten sich mit kurzem Fixieren untereinander. Kein Stress zu beobachten. Das ist eben ganz normal unter Hunden.

Autoaggression ist oft eine Folge menschlicher Fehler.

Nicht aber bei diesen Haltern: Die ältere Hündin hatte ihr volles Mitgefühl, sie war ja schließlich zuerst da gewesen. Und jetzt kommt da einfach so eine Jüngere daher und benutzt die angestammten Lieblingsplätze. Kurz, dieses ganze menschliche Demokratiedenken, das mit Hundeverhalten absolut nichts zu tun hat.

Beide Hunde schliefen im Schlafzimmer, die Dreijährige nahm sich das Plätzchen der Sechsjährigen – kurze körpersprachliche Verständigung. Und nun kamen die Halter und mischten sich ein: Die Sechsjährige wurde ins Bett genötigt. Ihr wurden damit Privilegien aufgedrängt, von denen sie wusste, dass es dadurch zu Stress mit der anderen Hündin kam.

Eine ausweglose Situation: Hier die eingespielte Rangordnung unter den Hunden, da der menschliche Eingriff mit genau umgekehrten Vorzeichen. In dieser unerträglichen Daueranspannung beißt sich die Sechsjährige die Fußballen ab.

So weit kann es mit pervertierter Tierliebe kommen – Psychoterror pur für die Hunde. Denn in einer solchen schizophrenen Situation hat ein Hund dann keine Möglichkeit mehr, sich als Persönlichkeit wahrzunehmen, weil er aus dem Druck gar nicht mehr rauskommt. Eine Kommunikation innerhalb der Gruppe ist überhaupt nicht möglich, da jede Chan-

Hunde, die sich selbst Verletzungen zufügen, sind arm dran. Zum Glück kann man dies bei Goldi ausschließen.

ce, sich hundgerecht einzugliedern, von den Haltern mit Zwangsprivilegien sanktioniert wird.

Wir haben versucht, mit den Haltern über die schwierige Lage des Hundes zu sprechen. Aber sie zogen es vor, auf eine Therapie zu verzichten und der Hündin nachts eine Plastikmanschette um den Hals zu schnallen.

Viele Hunde sind unterfordert.

Es gibt Autoaggression aber auch als einfache Übersprungshandlungen. Ein Irish Setter etwa, der sich so übertrieben leckt, dass die Haut wund wird, ist oft geistig und körperlich völlig unterfordert. Das kann bei Tieren vorkommen, die sich gar nicht ausleben können und nur als Kuscheltiere gehalten werden.

Natürlich muss man erst abklopfen, ob es sich bei selbst beigebrachten Verletzungen um Hautkrankheiten, Allergien oder hormonelle Störungen handelt. Aber man muss eben auch die Lebensumstände ins Auge fassen.

Hunde, die sich selbst Verletzungen und Verstümmelungen zufügen, sind ganz arm dran. Denn kaum jemand macht sich die Mühe, nach den oft tief sitzenden Wurzeln solchen Verhaltens zu fragen.

Bill – der Dobermann mit den zwei Gesichtern

Sanft liegen die schlanken Pfoten auf den Schultern. Zur Begrüßung gibt es einen ausgedehnten Zungenkuss vom schönen Bill, dem ein feiner Mundgeruch entströmt: Käsecracker. Von unten nach oben schleckt er – über beide Wangen.

Herrchen schmunzelt, Frauchen ist etwas verlegen. Wie gut, dass Martin Rütter nicht dabei ist, der für derlei unaufgeforderte Zärtlichkeiten nicht viel übrig hat. Auf Brigitte Heindrichs Aufforderung hin setzt sich Bill, der jugendliche Flegel aus den ersten Folgen von *Eine*

Couch für alle Felle, brav zwischen uns. Nicht lange – schließlich gibt es Spannenderes im Leben –, aber immerhin.

Bills Verhalten scheint unberechenbar.

So ist es eigentlich immer: Mal läuft zwei Wochen lang alles prima und Radfahrer und Autos können vorbeirollen, ohne dass Bill sich auf sie stürzt. Dann ist er ein stiller Musterhund im Auto, ein eifriger Bällchenbringer beim morgendlichen Spaziergang. Und plötzlich, aus heiterem Himmel, sticht ihn der Hafer. So wie gestern, als er einer von Frauchens selbst gebastelten Marionetten einfach den Gipsfuß abbiss.

Nach erholsamen Phasen der Kooperation wird Bill wieder ganz der Alte. Er nimmt den Kampf gegen Autos auf, macht Joggern Beine und ganz bestimmt nicht »Platz«, wenn er soll. Frau Heindrichs hat schon überlegt, ob mit Bills Kopf etwas nicht stimmt, ein Tumor oder Ähnliches. Und als hätte er den bösen Verdacht verstanden, springt Bill bei Herrchen auf den Schoß und lässt sich die Ohren kraulen.

Trotz unermüdlichen Trainings ist Familie Heindrichs ihrem Traum, mit Bill an der Seite Fahrradtouren zu machen, noch nicht näher gekommen. Mit viel Herzklopfen hat Frau Heindrichs ihn kürzlich mit einem anderen Hund unangeleint herumtoben lassen. Es ist alles gut gegangen, er ist freiwillig zu ihr zurückgekehrt. Wenn nicht, hätte sie den Kürzeren gezogen, denn in solchen Phasen ist er nicht ansprechbar.

Heute ist wieder so ein Tag. Wir fahren zum Treff mit Martin Rütter raus aufs Land, auf gut geteerten Feldwegen, umwogt von Getreidefeldern. Viel Verkehr ist hier nicht – umso konzentrierter kann sich Bill dem Verbellen der wenigen beweglichen Objekte widmen. Wir zucken heftig zusammen, denn eigentlich lag der Hund unauffällig auf seiner Decke hinter uns.

Zu viel Nachsicht tut dem Hund nicht gut.

Die Heindrichs lassen Bill so einiges durchgehen, weil sie um seine schwierige Kindheit wissen: mit drei Monaten vom Züchter zu Haltern, die den jungen Hund als Gesellschafter der alten Mutter gekauft hatten, selbst aber ganztags berufstätig waren. Nach wenigen Monaten eines anregungsarmen

Hundelebens im Innenhof das Aus für Bill: Die alte Dame starb, und der Hund wurde zum Züchter zurückgegeben. Da war eigentlich kein Platz mehr für ihn, er wurde von vier älteren Rüden gemobbt. Die Heindrichs, nach dem Tod ihrer alten Hunde auf der Suche nach einem jungen Dobermann, finden Bill über eine Zeitungsanzeige. Er tut ihnen Leid.

Viele Rituale machen Bill das Einleben leicht. Jeder Tag beginnt mit intensiven Schmuseeinheiten – bis Bill genug davon hat. Dann der morgendliche Spaziergang über die Felder der Voreifel. Und dann noch Hundetraining bei Martin Rütter und seinen Mitarbeiterinnen. Und doch bietet Bill mit seinen nunmehr anderthalb Jahren ein zwiespältiges Bild: Einerseits ist er der Traumhund, der gern auf Sonntagsmärkte mitfährt, wo Frauchen einen Stand betreibt. Brav bleibt er stundenlang sitzen und lässt sich von seinen Fans bewundern. Denn er ist ein Fernsehstar, seit den rasanten Auftritten mit Frauchen an der Schleppleine.

Leider kommt es immer noch sehr häufig vor, dass Bill Frauchen und ihre Kommandos schlicht ignoriert.

Andererseits hat er so seine Macken, die ihn letztlich kaum berechenbar machen. In unregelmäßigen Abständen wird aus Bill, dem Braven, der artig und ohne Leine den Futterbeutel apportiert, wieder Bill, der Böse. Er lässt sich plötzlich von Reizen am weiten Horizont ablenken, von den üblichen Radfahrern mal ganz abgesehen. Dann verhallt auch Rolf Heindrichs Locken: »Komma bei de Papa« ungehört.

Schwierig ist auch, dass er sich Kindern gegenüber, die kleiner sind als er selbst, nicht sehr tolerant verhält. Er fühlt sich schnell belästigt und hat die Enkelkinder auch schon gezwickt. Jetzt muss er bei ihren Besuchen einen Maulkorb tragen. Eine Vorsichtsmaßnahme, die Frau

Heindrichs erst einmal ohne die Kinder eingeführt hat, damit Bill denen nicht die Schuld an der ungeliebten Einschränkung zuschiebt.

Es ist auch nach wie vor schwierig, einzuschätzen, wie er auf andere Hunde reagiert. Frau Heindrichs weiß, dass sie Bill nicht wirklich im Griff hat. Sein Verhalten ist noch nicht konstant. Vertrauen ist gut, aber hier ist Kontrolle vernünftiger.

Kindern gegenüber ist Bill sehr intolerant.

Martin Rütter schaut erstmal genau zu. Ausgerüstet mit Futterbeutel und meterlanger Leine lässt Frauchen ihren Hund apportieren, hinsetzen, stillhalten, den Beutel suchen. Das geht zwei-, dreimal gut, dann verliert Bill deutlich das Interesse, stupst Frauchen, springt ein wenig hoch, um an den Beutel zu kommen, stöbert schließlich in einer Schlammpfütze herum.

Martin Rütter ist unzufrieden. Frau Heindrichs ist seiner Meinung nach nicht konsequent genug mit Bill. Wenn sie »Sitz« sagt und Bill stattdessen »Platz« vorführt, lässt sie das durchgehen und belohnt ihn trotzdem. Umgekehrt reagiert sie aus Rütters Sicht nicht direkt genug, wenn Bill sich richtig verhalten hat. Dadurch bleiben für Bill die Anforderungen, die an ihn gerichtet werden, undurchsichtig und beliebig. Er macht mit, solange es ihn interessiert, und geht dann seiner Wege.

Das Gleiche noch einmal mit Martin Rütter an der Leine. Bill schubst wieder, doch Rütter geht nicht darauf ein, sondern dreht ihm den Rücken zu – er ignoriert ihn. Und schon ist Bill bei Fuß. Wie von Geisterhand gesteuert reagiert Bill nun auf alle Anforderungen. Er hat also doch jede Menge gelernt in den vergangenen Monaten. Er kann es aber nicht immer umsetzen, weil Frauchen seine Schlampereien einfach noch zu oft durchgehen lässt.

Auch bei Rütter hat Bill irgendwann keine Lust mehr aufs Beutelbringen und trollt sich, so weit die Leine reicht. Ein deutliches Zeichen, dass solche Spiele für einen so lernfähigen Hund wie Bill schnell langweilig werden. Hier sind neue Ideen gefragt, Versteckspiele, Bällchenwerfen und aufstöbern. Und das Ganze an der langen Leine. Entweder lernt Bill, über sehr genaue Kommandos seinen Menschen zu folgen, insbesondere auf »Komm« auch wirklich zur Stelle zu sein, oder aber es geht nicht ohne Leine. Das gilt auch für das Spiel mit den Artgenossen. Und auch die Verantwortung über das Schicksal von Joggern oder Radfahrern kann man nicht Bills Einschätzung überlassen, wie wir beobachten können. Bill baut sich richtig auf und schlägt an, als ein Freizeitsportler vorbeiradelt. Weder Rufen noch Ermahnen lenken Bill vom Zweirad ab, sondern der Landeanflug einer Ente.

Bill muss an der langen Leine üben.

Frau Heindrichs und Martin Rütter blicken in verschiedene Richtungen. Sie sieht, was sie im Vergleich zum Vorjahr schon alles erreicht hat beim ungebärdigen Bill. Er sieht eher, was noch alles zu tun ist, bis Bill mehr Freiheiten genießen kann. Ohne Leine und Maulkorb.

Dafür muss der Hund klarer wissen, was von ihm erwartet wird. Und das kann er nur von seinen Menschen erfahren. Also heißt es für Frau Heindrichs mal wieder: üben, üben und sehr genau beobachten. Ganz einig sind sich Herrchen und Frauchen nicht, was die Erziehung angeht. Herrchen ist eher der nachgiebige Typ.

Aber Brigitte Heindrichs ist hoch motiviert. Nicht nur dass sie ihren Bill sehr liebt. Sie bastelt gerade an einer Bill-Marionette. Und die soll der echte Bill natürlich nicht zerfetzen.

Bei Martin Rütter und Bill verläuft das Training harmonischer.

Martin Rütter:

Eines der Hauptprobleme für Hunde ist die menschliche Inkonsequenz. Hier eine Ausnahme, da ein lockeres Nachgeben – das können sie nicht verstehen. Denn wenn Hunde eine zentrale Eigenschaft haben, dann ist es ihre Konsequenz. Sie sind in ihrem Verhalten und in ihrer Erwartung sehr beharrlich. Für das Zusammenleben mit Hunden bedeutet das, dass wir sehr klar und sehr kontinuierlich mit ihnen kommunizieren müssen.

Ein einfaches Beispiel: Der Halter sagt seinem Hund »Sitz« und gibt auch das Handzeichen dazu. Der Hund setzt sich aber nicht, sondern legt sich einfach hin. Er macht also »Platz«. Weil er aber überhaupt reagiert hat auf die Ansprache, wird er von Herrchen nun gelobt und belohnt. Dieselbe Szene wenig später. Jetzt bekommt er für seinen Fehler keine Belohnung, sondern muss das Spiel stattdessen von vorn beginnen.

Das A und O der Hundeerziehung ist Konsequenz.

Das ist für die konsequenten Hunde sehr schwer zu durchschauen. Was will er jetzt eigentlich? Was soll ich tun, um an die Leckerchen zu kommen und mich als wirklicher Teil der Familie zu fühlen? Inkonsequentes Verhalten, das für uns nach einer Kleinigkeit aussieht, setzen Hunde mit Unberechenbarkeit gleich. Mal darf ich auf die Couch, und mal darf ich nicht auf die Couch. Ständig werden Regeln aufgestellt, gebrochen, verwässert. Was ist denn dann überhaupt die Regel und was die Ausnahme? Verwirrung ist die Folge. Wenn der Mensch nicht genau sagt, was er vom Hund will, dann bleibt dem Hund nur die innere Kündigung – er macht das, wozu er gerade Lust hat und was ihm als das Sinnvollste erscheint.

Klare Kommandos geben dem Hund Halt.

Ein ähnliches Problem entsteht aus Hundesicht, wenn innerhalb der Familie sehr unterschiedliche Strategien verfolgt werden. Natürlich kann ein Hund typische Verhaltensweisen dieses oder jenes Familienmitglieds erkennen. Wenn bei uns hier Familien zum Training kommen, dann hat durchaus jeder seine eigene Art, mit dem Hund umzugehen. Bei dem einen kann man schon mal schön gucken und kriegt eine Banane ab, bei dem anderen braucht man es gar nicht zu probieren. Das hat seine eigene Konsequenz und ist vom Hund eindeutig »lesbar«.

Innerhalb der Familie sollte Einigkeit über die Regeln herrschen.

Gegenbeispiel: Da hat Frauchen den ganzen Tag geübt, dass der Hund keine Menschen anspringen soll. Nun kommt Herrchen nach Hause, ruft den Hund und breitet die Arme aus. Der Hund fliegt ihm um den Hals und wird dafür gedrückt und gelobt – auf diese Weise kann der Hund schlicht und einfach nicht lernen, dass er ganz generell keine Menschen anspringen soll.

Einheitliche Erziehung

Simpel, aber wichtig: Alle Erziehenden sollten für gleiche Befehle auch identische Vokabeln benutzen. Wenn der eine »Komm!« und der andere »Hier!« ruft, damit der Hund kommt, macht das dem Hund das Lernen natürlich unnötig schwerer.

Außerdem sollten sich alle auf einheitliche Ge- und Verbote einigen. Die Regeln, die der Hund in Bezug auf den Umgang mit Menschen lernen soll, sollten ihm auch von allen beteiligten Menschen einheitlich vermittelt werden. Andernfalls erreicht man mehr Verwirrung als einen Lernerfolg.

Hunde, die nicht wissen, wann sie was dürfen oder tun sollen und wann eher das Gegenteil, reagieren irritiert und verunsichert. Entweder werden sie unglaublich beharrlich und penetrant in ihren Forderungen. Sie versuchen sozusagen ständig, die Karten neu zu mischen. Oder sie nabeln sich ganz vom Menschen ab. Sie suchen sich Wesen, die in ihrer Sprache kommunizieren und in ihren Aussagen klar sind. Sie orientieren sich mehr und mehr an Hunden. Sie werden generell gegenüber der Ansprache immer unsensibler und stumpfen schließlich in Bezug auf menschliche Kommunikation komplett ab.

Ein Hund, der sich anderweitig orientiert und auf Ansprache nicht mehr reagiert, bezahlt dafür einen hohen Preis. Er kann nicht frei herumlaufen und nach Lust und

Laune mit anderen Hunden spielen und toben. Gerade ein reizempfindlicher Hund wie Dobermann Bill muss auf Zuruf gehorchen, sonst rennt er blind hinter allen möglichen Reizen her – jagt Autos, Jogger, Radfahrer, Kaninchen, wildert vielleicht. Er bringt sich und andere in Gefahr.

Wünsche und Befehle müssen auch klar herausgearbeitet werden, wenn der Hund begreifen und sich führen lassen soll. Ich beobachte häufig in Lokalen oder Parks, dass sich Menschen angeregt unterhalten und dem Hund nebenbei den Auftrag geben, sich zu setzen oder hinzulegen. Wenn dieser aus einem für ihn dahinrauschenden Sprachteppich nicht heraushören kann, dass jetzt das Wort an ihn gerichtet wird, kann er seinen Auftrag auch nicht erfüllen.

Wer seinem Hund sagt: »Das ist doch die Frau Schmitz – mach mal Sitz –, die kennst du doch noch von Omas Geburtstag«, wird vielleicht mit gespitzten Ohren belohnt, ansonsten aber wenig Erfolg haben.

Kommandos richtig geben

Beschäftigen Sie sich in dem Moment, in dem Sie ein Kommando geben ausschließlich mit dem Hund. Sagen Sie das Kommando, und machen Sie die entsprechende Geste.

Achten Sie darauf, dass die Aufgabe dem momentanen Trainingszustand des Hundes entspricht: Wenn Ihr Hund schon unter kleinsten Ablenkungsreizen nicht mehr auf Sie reagiert, ist es nicht sinnvoll, Befehle zu geben, während er gerade herumtollt.

Schätzen Sie die Situation ein. Wenn die Chancen gering sind, dass Ihr Hund das Kommando befolgt, sollten Sie es möglicherweise anders versuchen und das Kommando in einem ruhigen Augenblick noch einmal üben, bis es sitzt.

Loben Sie ihn, wenn er den Befehl korrekt ausgeführt hat, aber auch nur dann. Wenn Sie also »Sitz« sagen, sollte der Hund sich wirklich setzen und nicht Platz machen. Ihr Lob kann dabei ein Spiel, ein Keks oder eine Streicheleinheit sein – was Ihr Tier am liebsten mag.

Wir hatten einen Extremfall in Sachen Sprechen mit dem Hund. Eine alte Dame mit ihrem Golden Retrieverrüden Tristan. Sie kam, weil er einfach nicht mehr auf seinen Namen reagierte.

Schnell war klar, dass Tristan ihr Hauptansprechpartner war. Sie stand in ständigem Dialog mit ihm, Tristan hier und Tristan da, bis er so desensibilisiert war, dass er einfach unansprechbar wurde. So wie Menschen, die an einer lauten Straße wohnen, die Geräusche der vorbeifahrenden Autos irgendwann nicht mehr wahrnehmen.

Natürlich wollten wir der alten Dame nicht sagen »Sie haben Ihren Hund kaputtgequatscht«, sondern haben eine Notlüge gefunden. Namen, die mit »T« anfingen, seien für Hunde besonders schwierig. Während er bei uns auf seinen neuen Namen sehr aufmerksam reagierte, hielt die Erleichterung bei Frauchen nur kurz an. Er stellte einfach beim Klang ihrer Stimme komplett auf Durchzug. Wir haben dann mit beiden ein Konditionierungstraining auf die Hundepfeife gemacht, sodass er jetzt wieder prima gehorcht und beide ihre Freiheit zurückerobert haben. Er kann frei herumlaufen und kommt auf Pfeifton. Und sie kann ihm weiter Geschichten erzählen.

Vier, auf die noch viel Arbeit wartet.

Übrigens ist das ein typisches Beispiel für das Verhalten von Hunden: Artgenossen, die bei jeder Gelegenheit loskläffen, werden auch bald nicht mehr ernst genommen.

Noch ein Beispiel für menschliche Inkonsequenz. Da heißt es, der Hund war jetzt schon 35 Stunden in der Hundeschule und hat immer noch nichts gelernt. Da kann er auch nichts lernen, da sollen seine Menschen lernen, wie sie daheim mit ihm trainieren können.

Wenn es natürlich heißt, so, jetzt ist die Stunde um und jetzt machen wir im gewohnten Schlendrian weiter bis nächste Woche, dann kann ein Hund das nicht begreifen. Er unterscheidet nicht zwischen Schule oder Training und der anschließenden Freizeit. Für ihn geht es immer um ein Sozialgefüge mit seinem Menschen.

Kein Unterschied zwischen Schule, Training oder Freizeit.

Wer beim Training im Kasernenton »Platz« schreit und anschließend bei jedem Augenaufschlag des Lieblings in Verzückung gerät, verhält sich ambivalent – was soll der Hund denn daraus schließen? Hunde brauchen eine klare Linie. Der Führungshund in einem Rudel ist bei der Kommunikation mit seinen Rudelmitgliedern grundsätzlich nie ambivalent. Der Mensch, der mal hüh und mal hott sagt, wird einfach nicht ernst genommen.

Frau Heindrichs muss noch präziser werden, wenn sie mit Bill kommuniziert. Sie weiß genau, dass er seine Kraft und Schnelligkeit so lange nicht ausleben kann, wie die beiden nicht klar miteinander kommunizieren.

Natürlich ist Bill ein stürmischer junger Hund, der auch mich ständig herausfordert. Aber er reagiert bei mir sehr viel genauer, weil ich sehr sachlich mit ihm umgehe, ihn fordere und ihm nichts durchgehen lasse. Die Heindrichs sind zu emotional im Umgang mit Bill, sehen auch mal über Unarten hinweg. Bill geht es wie so vielen Hunden: Sie stehen zu sehr im Zentrum und kommen nicht genug zur Ruhe.

Cindy, Mona und Kessy – neuer Gefährte gesucht

Man sieht ihnen die Aufregung an: Für Karin und Karl-Heinz Clemens ist es der erste Besuch in einem Tierheim. Schon auf dem Parkplatz davor ist ihnen klar, dass sie am liebsten alle Hunde mit nach Hause nehmen würden. Um den einen, den Richtigen, herauszufinden unter all den treuen Augenpaaren, die sich auf sie richten, haben sie Martin Rütter um Begleitung und Rat gebeten. Denn einfach ist das nicht, schließlich warten daheim die quirligen Yorkshiredamen Cindy, Mona und Kessy.

Ehepaar Clemens mit Cindy, Mona und Kessy.

Gesucht wird ein Hund mit starken Nerven, der sich den drei Seniorinnen zwischen neun und 14 Jahren anpasst und unterordnet. Einer, der den Platz der zehnjährigen Babsi einnehmen könnte, die bei einer als unproblematisch eingeschätzten Operation gestorben ist. Noch heute spürt man die Trauer, wenn die Clemens' vom Schock erzählen, als sie vom Tod der Hündin erfuhren: Wie sie die Kleine in eine Decke gewickelt nach Hause getragen haben und es lange gar nicht fassen konnten. Eine Locke und ein kleines Grab im Garten von Freunden erinnern an Babsi.

Den drei Yorkies fehlt ihre Weggefährtin Babsi.

Aber nicht nur Frau und Herr Clemens trauerten um Babsi, sondern auch die drei Hundedamen. Für einige Tage legte sich beklemmende Stille über Haus und Garten. Cindy, Kessy und Mona interessierten sich nicht mehr für ihr Futter, bellten kaum noch und suchten jede Ecke nach dem verschwundenen Familienmitglied ab. Erst langsam kehrte wieder die gewohnte Umtriebigkeit in das Terrierrudel ein.

Karl-Heinz Clemens ging zunächst nur mit jeweils einer der Hundedamen auf Spaziergänge, damit sich jede für sich überzeugen konnte, dass auch auf den gewohnten Wiesen und Wegen keine Babsi herumlief. Es war Cindy, die sich schließlich wieder für andere Hunde interessierte. Besonders für einen Golden Retriever, dem sie täglich im Park begegnete. Der Gedanke an einen neuen Hund keimte auf. Aber was für einen? Ein großer Hund zu den drei kleinen Hündinnen? Eine Hündin, ein Rüde? Jung oder auch älter, wie die Yorkies? Die Clemens sehen, welche Probleme auftauchen könnten. Andererseits: Ein vierter Hund wäre zu schön, noch dazu, weil sie bald in ihr neues Haus umziehen, wo auch für einen größeren Hund genug Platz wäre.

Martin Rütter steht dem Unterfangen »Der vierte Hund« skeptisch gegenüber.

Martin Rütter, der die Familie in Sachen Rudel und Rangordnung schon für die erste Staffel von *Eine Couch für alle Felle* beraten hatte, ist zunächst skeptisch, denn dass in Hundefragen schnell Spontaneität und Gefühl die Überhand gewinnen, ist auch den Clemens' selbst bekannt. Als er aber merkt, dass sie sich ernsthaft mit der Problematik auseinander setzen möchten, lässt er sich auf das Abenteuer ein.

Kaum haben wir das Tierheim betreten, ist das Ehepaar Clemens schon auf Erkundungstour. Schließlich wartet in jedem Gehege ein verwaister Hund, einer schöner als der andere. Frau Clemens spricht und streichelt schon, hinter den Gitterstäben wedeln die Schwänze.

Martin Rütter hat inzwischen Rudi entdeckt, einen unkastrierten Golden Retrieverrüden, der gelassen mit einem ebenfalls unkastrierten Husky-Mix-Rüden in einem Gehege hockt und sich vom ohrenbetäubenden Gebell in den anderen Boxen nicht anstecken lässt. Und der sich auch nicht weiter aufregt, wenn der Husky ihm immer mal den Kopf auf den Rücken legt, damit wirklich ganz klar ist, wer hier der Chef ist. Sieht so aus, als hätte Rudi möglicherweise auch das stabile Nervenkostüm, das man für Cindy und Co. zweifellos braucht.

Rudi ist vor wenigen Wochen ausgesetzt gefunden worden, Bernd Schinzel, der Leiter des Tierheims in Köln-Dellbrück, schätzt sein Alter auf etwa vier Jahre. Er leint ihn an, und wir gehen zum umzäunten, verwilderten Gelände am Rand des Tierheims – immer begleitet von lautstarken Kommentaren aus den anderen Boxen. Was Rudi nicht weiter kümmert. Noch ein Pluspunkt auf Rütters Liste: ein Hund, der sich nicht ohne weiteres provozieren lässt.

Rudi ist souverän und ausgeglichen.

Abgeleint macht sich Rudi erst einmal auf zum Schnüffeln: von Hundedüften durchtränkte Erde. Ein Dogo Argentino regt sich mächtig auf, als Rudi seinem Gehege zu nah kommt. Der Kommentar des Golden Retrievers: Er hebt das Bein und markiert. Er lässt sich nicht auf Zoff ein, aber er zeigt klar, dass er auch was zu sagen hat. Eine Dominanzgeste, genauso wie die stark aufragende Rute, erklärt Rütter.

Auf Zuruf kommt Rudi zu Herrn Clemens. Er lässt sich ordentlich durchknuddeln und beschnuppert dann Karin Clemens, die die Szene schon gerührt beobachtet hat. Als Rudi dann noch Stöckchen apportiert, ist die Entscheidung eigentlich schon gefallen: Was für ein wunderbarer Hund!

Der Golden Retrieverrüde Rudi im Tierheim Köln-Dellbrück ist Herrn und Frau Clemens sofort sympathisch.

So ähnlich denkt auch Martin Rütter, den die Souveränität des Rüden beeindruckt. Gerade deshalb dämpft er die gefühlsgeladene Stimmung: Er plädiert für einen weiteren Besuch bei Rudi, dann aber zunächst mit seiner Golden Retrieverhündin Mina, um Rudis Verhalten dem weiblichen Geschlecht gegenüber zu testen. Und dann sollen natürlich Cindy, Mona und Kessy, eine nach der anderen, den potenziellen Rudelpartner kennen lernen.

Kessy, Mona und Cindy begutachten Rudi eine nach der anderen.

Eine Woche später: Beim nächsten Tierheimbesuch bewundern wir ein wirklich schönes Paar: Rudi und Mina, Mina und Rudi. Zwei Golden Retriever, ähnlich in Farbe und Größe, eigentlich ideal. Sie beschnüffeln sich, streifen jeder für sich durchs Gelände, treffen sich immer mal. Rudi erweist sich als Kavalier, der Mina in keiner Weise sexuell belästigt. Für einen Moment sieht es aus, als würde Rudi demnächst zu Familie Rütter gehören.

Jetzt kommt der erste Härtetest: Kessy, das älteste und entspannteste der drei Clemens-Mädels schwebt herbei. Sie passt ganz wunderbar in die Hand ihres Herrchens und schaut sich irritiert um, als sie auf den Boden gesetzt wird. So viel Gebell, so viele Gerüche – sie will lieber wieder auf den Arm.

Rudi muss sich tief bücken, um die Artgenossin in Augenschein zu nehmen. Kessy tippelt nervös umher, Rudi bleibt dran. Dann aber zeigt Kessy, was ein richtiger Hund ist: Sie fletscht das winzige Gebiss und knurrt gefährlich. Rudi hat verstanden. Er geht einen Schritt zurück, schnuppert noch einmal und streift wieder durchs Gelände. Auch als Mona an Kessys Stelle rückt, um den Rüden zu begutachten, klappt die Verständigung. Und auch hier ist zu sehen, dass es der Hündin am liebsten wäre, wenn zwei starke Arme sie einfach aus der Szene herausheben würden. So ein großes Gelände mit so viel Gebell im Hintergrund. Rudi bleibt die Ruhe selbst.

Rein ins Auto, raus aus dem Auto: Jetzt ist Cindy an der Reihe, die leicht erregbare Rudelführerin. Auf Herrchens Arm durch die dröhnende Boxengasse. Auch sie lässt sich von der ungewohnten Atmosphäre anstecken. Sie huscht hinter Herrchens Schuhe. Nur als Rudi sich ihr interessiert nähert, zeigt sich kurz die alte Cindy. Unbeeindruckt von der Größe des Retrievers springt sie ihn kurz und unmissverständlich an – und Rudi trollt sich.

Die drei Yorkies wirken sehr unsicher.

Selbst als alle drei Yorkieseniorinnen vereint mit Rudi konfrontiert werden, wirken sie eher verunsichert. Sie halten sich in der Nähe ihrer Menschen auf und lassen die Gelegenheit, das spannende Gelände zu erkunden, verstreichen. Stattdessen möchten sie auf den Arm genommen werden. Zipp-zipp-zipp – wie auf Sprungfedern schnellen die drei Kleinen an Herrchen und Frauchen hoch. Fünf oder sechsmal hintereinander – kurze Pause – und weiter geht's.

Als Rudi näher kommt, angelockt vom Duft zweier der Hündinnen, deren Hitze gerade abklingt, wirken die drei Yorkies angespannt. Sie stapfen hinter ihre Menschen, und als Rudi nachschnuppert, zwackt ihn Cindy noch einmal. Karin und Karl-Heinz Clemens halten sich spontan an den Händen: Sie haben Angst, die drei könnten Rudi ernsthaft verletzen oder gar töten. »Sie wissen nicht, wie gefährlich sie sein können«, erklären sie dem verblüfften Tierheimleiter.

Gruppenbild mit Damen.

Aber da ist Rudi längst wieder zwischen Büschen und meterhohem Gras verschwunden. Keine Lust auf Ärger.

Martin Rütter ist sich nach diesem Nachmittag nicht mehr ganz sicher, ob die angestrebte Partnerschaft klappen wird. Zwar ist er von Rudi nach wie vor positiv beeindruckt. Aber die Yorkies waren nicht in Alltagsverfassung. Sie wirkten sehr unsicher, fühlten sich sichtlich unwohl. Wie sie sich dem

Golden Retriever gegenüber verhalten, wenn er sich auf ihrem eigenen Territorium aufhält, lässt sich aus der Begegnung in Dellbrück nicht ablesen.

Wenn auch die Größenverhältnisse klar scheinen, die Kleinen könnten Rudi mit ihren spitzen Zähnchen schmerzhafte kleine Wunden beibringen, sie könnten ihn »tackern«, wie es in Anlehnung an das bekannte Handwerkszeug heißt. Schlimmstenfalls könnten sie ihn so in die Enge drängen, dass ihm nur noch Selbstverteidigung als Ausweg bleibt. Dann könnten allerdings die Größenverhältnisse eine tragische Rolle für die kleinen Hündinnen spielen: 30 Kilogramm gegen drei Kilogramm.

Die Befürchtungen Rütters scheinen sich bei einem Hausbesuch mit Rudi zunächst nicht zu bewahrheiten. Hier sind Cindy, Mona und Kessy zwar auf sicherem Terrain, aber im Vorgarten reagieren sie noch relativ gelassen auf den fremden Hund. Eine nach der anderen schnüffelt kurz an Rudi, der sich bemüht, jeden einzelnen Grashalm sorgfältig zu markieren. Mit der läufigen Mona entspinnt sich ein zartes erotisches Spiel – interessiertes Schnuppern an entscheidenden Stellen, immer im Kreis herum. Bis Mona genug hat und Rudi ihr auch nicht nachsetzt.

Dann noch eine kurze Scheinattacke Cindys – aber eigentlich herrscht Ruhe im Vorgarten. Zwischen vier Hunden.

Der nächste Versuch wird der entscheidende: Rudi darf erst allein in der Clemens'schen Wohnung schnüffeln und die eine oder andere Knabberstange verschwinden lassen. Dann kommen die Yorkies, wie gehabt eine nach der anderen. Und dann ist schnell klar, dass es für den großen Rudi schlicht und einfach zu eng wird. Konnte er im Vorgarten noch ausweichen, wenn die Hundedamen ihn dazu aufforderten, so gerät er hier rasch in die Enge.

Zu heikel für alle Beteiligten, dass müssen auch die verliebten Clemens' einsehen. Eine Frage der Zeit, denn das neue Haus mit dem großen Gelände drum herum ist fast bezugsfertig. So lange wird Bernd Schinzel Rudi wieder mit ins Tierheim nehmen. So lange? Herr und Frau Clemens erweisen sich als wahre Tierfreunde: Nein, Rudi soll nicht warten. Wenn sich jemand Liebes findet, der Rudi früher ein Zuhause bieten kann, dann verzichten sie – trotz aller Zuneigung.

Martin Rütter:

Als ich hörte, dass die Familie Clemens einen weiteren Hund zu den drei Hündinnen aufnehmen wollte, habe ich erst gedacht: Warum? Jetzt, wo sich eine Rangordnung etabliert hat und mehr und mehr Ruhe in das Rudel kommt. Ich habe auch ganz deutlich gesagt, dass ich es eigentlich unvernünftig finde. Aber dann merkte ich im Gespräch, dass es nicht um eine spontane Entscheidung für einen Hund gehen sollte, sondern dass beide entschlossen waren, diese Entscheidung wirklich in Ruhe anzugehen, da dachte ich, dass ich mit meiner Hilfe wenigstens verhindern könnte, dass ein Hund angeschafft wird, der nicht in dieses Rudel passt.

Dann aber gingen die Fragen los: Was von vornherein ausschied, war eine kleine Rasse. Wenn dieser Hund attackiert würde, etwa von Cindy, dann könnte es sein, dass er das nicht überlebt. Von meiner Seite aus war also klar, ein kleiner Hund kommt nicht ins Haus. Wenn der von den drei Yorkies gemobbt würde, dann könnte er ernsthaft in Gefahr geraten.

Dann die nächste Überlegung in Bezug auf das Geschlecht: Bei dieser Rudelstruktur mit drei Hündinnen scheidet eine weitere Hündin vollkommen aus. Durch die starke territoriale Veranlagung und die aus Unsicherheit rührende Intoleranz der ranghöchsten Hündin, die keinerlei Kompromisse macht und auch bei Rangeleien meist keine Beschwichtigungen akzeptiert, würde eine weitere Hündin es extrem schwer haben. Cindy geht es ja nicht nur um die Rangordnung, sondern um die Haltung: »Mein Haus – und du gehst«.

Die Rudelstruktur und der Charakter der einzelnen Hunde sind entscheidend.

In dieser Gruppe herrscht eine starke sexuelle Spannung, eine hohe Konkurrenz unter den Hündinnen. Einen Rüden werden sie infolgedessen in ihrem Konkurrenzgefüge nicht so ernst nehmen. Natürlich ist er auch ein Konkurrent, wenn es um Ressourcen wie Futter oder Streicheleinheiten geht. Vom Geschlecht her aber nun einmal nicht.

Also einen Rüden von mindestens 20 Kilogramm. Dann sind zwar die Kräfteverhältnisse klar, aber auch einen solchen Hund kann man durch Mobben psychisch stark traumatisieren. Also war die nächste Überlegung, dass wir einen Hund finden müssen, der den drei Hündinnen gegenüber nicht aufdringlich wird, der aber auch nicht übertrieben verspielt ist, weil er dann im Überschwang die Individualdistanz (s. S. 45) vor allem zu Cindy überschreiten könnte. Und dann kämen sofort starke Spannungen auf. Das könnte Cindy nicht tolerieren.

Wir suchten also einen gelassenen Hund – einen, der wenig dynamisch ist, der kaum sexuell interessiert ist. Mal übertrieben formuliert: einen coolen Opa, der schlapp in der Ecke liegt, viel schläft und sich nicht provozieren lässt. Gehen wir also in ein Tierheim, suchen uns so einen unkomplizierten Hund und tun auf diese Weise auch noch ein gutes Werk!

Checkliste für einen weiteren Hund

Ein neues Mitglied im Rudel muss zu den bereits im Haushalt lebenden Hunden passen. Natürlich sollte hier von Fall zu Fall individuell entschieden werden – unterschiedliche Charaktere harmonieren jedoch meistens am besten. Generell sollte ein Konkurrenzverhältnis möglichst vermieden werden.

Folgende Faktoren sollten Sie bei der Auswahl besonders beachten:

- Rasse bzw. Größe
- Alter
- Geschlecht
- Ausprägung des Sexualtriebes
- Temperament und soziale Sicherheit

Treffen Sie die Wahl nicht übereilt. Führen Sie die Tiere ruhig mehrere Male zusammen, und beobachten Sie die Kontaktaufnahme.

Familie Clemens interessierte sich mehr und mehr für einen Golden Retriever als vierten Hund, und so kam schließlich der Kontakt zum Tierheim Dellbrück zustande. Und damit auch zu Rudi.

Rudi ist um die vier Jahre alt, ein Fundtier. Als wir zum ersten Mal durchs Tierheim gingen, fielen mir in einem Zwinger zwei unkastrierte Rüden auf, die etwa gleich alt waren und miteinander vollkommen klar und harmonisch umgingen. Rudi, der sich einfach unterordnete, und Gismo, ein Husky-Mix, der ihn auf sehr sichere und tolerante Art und Weise dominierte.

Wir haben Rudi dann allein beobachtet, also ohne andere Hunde. Er hat Präsenz gezeigt, markiert und ist mit erhobener Rute an den Zwingern vorbeigelaufen. Auf die Scheinattacke des Dogo Argentino im Zwinger reagierte er völlig entspannt und markierte kurz nach dem Motto: »Du kannst mich mal ...«.

Also ein durchaus provozierender Hund, aber auch ein sehr sicherer. Ein Hund, der keine Konflikte sucht, sondern ihnen gelassen aus dem Weg geht. Er hat Rempeleien einfach nicht nötig. Wenn andere Hunde ihn dominieren möchten, nimmt er eben den Kopf runter, und alles ist in Ordnung. Ein Konfliktvermeider, der aber kein Duckmäuser ist.

Rudi erfüllt so ziemlich alle Kriterien, die an ein neues Mitglied für das Clemens-Rudel gestellt werden.

Auch das waren für mich sehr positive Eindrücke, aber in Bezug auf das Clemens-Rudel muss ein Hund noch weitere Eigenschaften mitbringen. Hat er eine starke Sexualität, wird er aufdringlich, versucht er, bei Hündinnen aufzureiten? Wie verhält er sich, wenn eine souveräne Hündin wie Mina ihn einfach nicht beachtet?

Was dann passierte, war erstaunlich: Er hat zwei, drei Imponiergesten gezeigt und dann gemerkt, dass sich Mina nicht für ihn interessiert. Daraufhin zeigte er ein noch ignoranteres Verhalten als sie und ist einfach seiner Wege gegangen. Ein sehr sicherer Hund, der eine Situation klar einschätzen kann und der dann genau weiß, was er zu tun hat.

Trotzdem haben die beiden miteinander kommuniziert. Sie haben sich beäugt, und beiden war klar, dass sie sich nicht die Blöße geben wollen, nun aufdringlich zu werden. Auch das ist eine Eigenschaft von sicheren und souveränen Hunden. Einen solchen Hund kann man in ein Rudel integrieren, wo er auch mal in die Schranken gewiesen wird, was für ihn relativ belanglos und undramatisch ist.

Dann haben wir den Golden Retriever der Reihe nach mit den Yorkshirehündinnen zusammengebracht. Zunächst mit der vergleichsweise gelassensten, zum Schluss mit der ranghöchsten Hündin. Und im Grunde ist nichts Dramatisches passiert. Obwohl die Hündinnen noch vor kurzem heiß waren und man Rudi die sexuelle Aufregung durchaus anmerkte, hat er sie zwar beschnüffelt, aber er ist nicht penetrant geworden. Er hat kein Aufreitverhalten gezeigt und es sofort akzeptiert, als er von einer Hündin weggebissen wurde.

Um das Verhalten der Hunde untereinander zu beobachten, sollten sie ohne Leine und ohne äußere Beeinflussung aufeinander treffen.

Familie Clemens war in dieser Situation sehr aufgeregt, weil ihnen die Eigendynamik ihres Rudels bewusst ist und sie Angst vor Aggressionen gegenüber dem Golden Retriever hatten. Deshalb ist es ihnen auch schwer gefallen, die Hunde einfach nur zu beobachten, ohne sie anzusprechen oder auf den Arm zu nehmen. Diese Beobachtungen reichen aber nicht aus, um zu entscheiden, ob Rudi nun der Richtige für die drei Hündinnen ist. Dafür war die Situation zu untypisch.

Die Hündinnen waren unsicher, sie suchten ständig Schutz hinter ihren Menschen vor dem Bellen vieler Hunde, den vielen Gerüchen, dem unbekannten Gelände. Und obwohl zwei der Hündinnen erst vor kurzem heiß waren, hat keine einzige markiert. Ein Indiz dafür, dass sie auf keinen Fall auffallen wollten. Sie wollten keine Spur hinterlassen – ein Zeichen großer sozialer Unsicherheit.

Sie hatten die Rute unten, manchmal ganz unter den Bauch gezogen. Eine Hündin hatte einen Rundrücken, ein Zeichen von Unsicherheit. Angst vor Rudi hatten sie nicht, sie haben ihm gegenüber ein passives Verhalten gezeigt. Cindy, die sonst schnell attackiert, ist sogar rückwärts weggegangen, als er auf sie zukam. Fühlen sich verunsicherte Hunde in die Enge getrieben, können sie allerdings sehr aggressiv werden. Deshalb war es auch wichtig, dass keiner der Hunde an der Leine ist. Sie brauchen die Möglichkeit, sich zurückzuziehen.

In vertrautem Gebiet können Hunde völlig anders reagieren.

Es war zu erwarten, dass die Hündinnen auf vertrautem Gelände anders auf den fremden Hund reagieren würden. Geplant war, genauso vorzugehen wie im Tierheim Dellbrück auch: Erst die Begegnung Rudis mit einer Hündin im relativ neutralen Territorium draußen vor dem Haus, dann ging es mit der gleichen Hündin in den sehr vertrauten Garten, schließlich in die Wohnung – ein höchst vertrautes Territorium, das zudem wenig Ausweich- und Fluchtmöglichkeiten bietet. Danach noch einmal die gleichen Stationen einzeln mit den beiden anderen Hündinnen. Dann mit zwei Hündinnen gemeinsam, schließlich mit allen dreien.

In der Wohnung hat Rudi zu wenig Ausweichmöglichkeiten.

Da ich die Yorkshiredamen ja bereits seit der ersten Staffel von *Eine Couch für alle Felle* gut kannte, hatte ich schon befürchtet, dass sich spätestens innerhalb der Wohnung Schwierigkeiten ergeben würden. Die Hündinnen hatten Probleme, Rudi in der Wohnung zu tolerieren, Rudi aber zu wenig Ausweichmöglichkeiten, diesen Signalen zu folgen.

Eine Situation, die man dann abbrechen muss. Rudi als großer Hund kann ja nicht einfach unter der Couch verschwinden, er kommt in der Wohnung dann in Bedrängnis. Wenn man nicht gleich dazwischengeht, kann sich eine starke defensive Aggression entwickeln, denn er wird sich verteidigen.

Besuch bei einem anderen Hund

Die erste Begegnung zwischen zwei sich fremden Hunden sollte auf neutralem Boden stattfinden, da die Gefahr territorial motivierter Aggression dort am geringsten ist. Leinen Sie die Tiere nach Möglichkeit nicht an, damit jeder der Hunde sich zurückziehen kann, wenn es die Situation erforderlich macht.

Läuft dies reibungslos ab, nähert man sich gemeinsam mit den Hunden dem Haus, in dem einer der beiden lebt. Idealerweise gibt es noch einen Garten als Zwischenstation. Kommt es hier zu keinerlei Aggression, kann auch ein Zusammentreffen in der Wohnung gewagt werden.

Im Vorfeld sollten unbedingt alle potenziellen Konflikterreger, also Nahrung, Knochen, Spielzeug und alles, was für Ihren Hund sonst noch von Bedeutung sein könnte, entfernt werden.

Keiner der beiden Hunde sollte besondere Zuwendung bekommen, um keine Konkurrenzsituation zu konstruieren.

Shira – eine Hündin sieht rot

Mit vollen Drohgesten rast sie hin und her, springt mit allen vieren hoch, dreht sich in der Luft, knurrt und schnappt. Immer wieder schleudert sie den Körper gegen den Drahtzaun. Das lange, seidige Haar der Altdeutschen Schäferhündin Shira glänzt im frühsommerlichen Sonnenschein. Ein Bild unbändiger Kraft und Schönheit – und heftiger Aggression. Shira erträgt keine anderen Hunde in ihrem Blickfeld.

Drei Meter weiter aalt sich Labrador Retriever Boomer genüsslich im Gras, apportiert seinen Futterbeutel, knabbert Käsecracker und lässt die geballte Wut jenseits des hohen Maschendrahtzaunes am blonden Fell abprallen.

Beim Anblick anderer Hunde rastet Shira aus.

Beide Hunde sind Teil einer Versuchsanordnung, bei der Martin Rütter genauer feststellen will, was eigentlich mit Shira los ist. Am Vortag hatten die Halter per Telefon den Notfall angekündigt. Die viereinhalbjährige Hündin hatte ohne erkennbare Vorzeichen den Yorkshireterrier der Nachbarn gepackt und tödlich verletzt.

Die Brinkmanns waren mit Shira zum Spaziergang, wie jeden Abend. Kurz vor der eigenen Haustür hatten sie die Hündin bereits abgeleint, als Nachbars Tür sich öffnete und der Yorkshireterrier an der Leine aus dem Haus trat. Ohne einen Laut von sich zu geben, war Shira sofort losgerannt. Zwei Sekunden später folgte die tödliche Attacke: Shira greift den Terrier und legt ihn schwer verletzt wieder ab. Falko Brinkmann und seine Frau, erfahrene Hundehalter, sind tief bestürzt. Sie packen Shira ins Haus, rufen ihre Tierärztin an – aber es ist zu spät.

Scheinbar ohne Anzeichen startet Shira die todbringende Attacke auf den Yorkshireterrier.

Natürlich hatten sie in den über zwei Jahren des Zusammenlebens gewusst, dass Shira nicht mit anderen Hunden zurechtkommt, hatten aber eher den Eindruck, sie habe Angst. Dass sie einfach blitzschnell tötet, ist ein Schock für sie.

Eine halbe Stunde vor dem Experiment auf Rütters Hof lernten wir eine ganz andere Shira kennen. Ruhig und aufmerksam liegt sie zwischen den Brinkmanns und Martin Rütter, schaut gelegentlich einer Fliege nach, schlappt einen Schluck Wasser. Eine Hündin, die eigentlich nur durch ihre Schönheit auffällt.

Ein bisschen hat sie rumgeschnüffelt, an der Leine oder frei laufend, sie ist auf Zuruf zurückgekommen und hat sich zu der kleinen Menschengruppe um Rütter dazugelegt. Gelassen und selbstbewusst. Unvorstellbar die blutige Attacke am Abend zuvor.

In der Tat berichten Herr und Frau Brinkmann viel Positives über ihre Hündin, die mit jedem Besucher gut auskommt. Sie fällt sogar durch große Sorgfalt im Umgang mit tapsigen Kleinkindern auf, lässt sich von denen auch mal zwacken. Sie legt ihnen das Spielzeug vorsichtig hin und spielt mit den Kleinen. Die über 30 Kilogramm schwere Hündin scheint sich ihrer Kraft bewusst und sozial verantwortlich damit umzugehen.

Shira hat im Umgang mit Kleinkindern Geduld.

Die Brinkmanns leben seit Jahren mit ein oder zwei großen Hunden zusammen. Ihnen war sehr schnell klar, dass Shira ungeheuer heftig auf Artgenossen reagiert. Massives Leinenzerren, alle möglichen Drohgebärden, Knurren und Verbellen, wenn beim Spaziergang – selbst in beträchtlicher Entfernung – ein anderer Hund vorbeilief. Die Brink-

Ist kein anderer Hund in Sicht, verhält sich Shira mustergültig.

manns suchten neue Pfade, andere Tageszeiten, um mit ihrem Hund die Begegnung mit anderen Hunden zu vermeiden und Shira mal unangeleint ihre Kräfte austoben zu lassen.

Eine starke Einschränkung für die Halter, die es immer genossen hatten, ihre Hunde mit anderen herumlaufen und spielen zu sehen.

Erste Diagnose des Tierarztes: Angst vor Artgenossen.

Ein Gang zur Tierärztin, um herauszufinden, was es denn nun eigentlich mit Shiras irritierendem Verhalten auf sich habe. Erste Diagnose: starke, aber gehemmte Aggression anderen Hunden gegenüber. Womöglich hat sie Angst vor Artgenossen.

Die Brinkmanns beobachten und rätseln weiter. Als sie die Hündin in einem Büro von den vorherigen Haltern übernahmen, hatten sie den gleichen Eindruck, den auch wir zunächst hatten: ein ausgesprochen angenehmer, folgsamer Hund.

Sie bringen in Erfahrung, dass die Hündin aus einer miserablen Zucht ohne sonderliche Aufsicht der Welpen stammt. Die ersten zwei Jahre, ehe sie zu ihren neuen Haltern kam, hatte sie in einer Schrebergarten-Kolonie isoliert in einem betonierten Zwinger verbracht. Ganz offensichtlich hat sie weder in der Prägephase (s. S. 18) noch danach irgendeinen freundlichen, spielerischen Umgang mit anderen Hunden gehabt.

Zweiter Verdacht: Sie versteht die Hundesprache nicht.

Unklar bleibt in den ersten zwei Jahren, ob Shiras massive Reaktionen nun tatsächlich einer Angst entspringen oder doch Wut ausdrücken. Die Halter sind lieber vorsichtig und halten Shira an der Leine, wenn Artgenossen in ihre Nähe geraten könnten. Unklar ist ihnen auch, ob Shira die Körpersprache anderer Hunde überhaupt interpretieren kann, ob sie selbst sich überhaupt anders als aufbrausend ausdrücken kann. Vielleicht ist sie durch diese Kindheits- und Jugendgeschichte sozusagen Analphabetin in Sachen Hundesprache geworden.

Nach der tödlichen Attacke auf den Yorkie sind die Brinkmanns fassungslos. Es ist also tatsächlich passiert – von ängstlichem Verhalten jedenfalls kann keine Rede mehr sein. Der ohnehin für den Sommer geplante Besuch bei Martin Rütter wird spontan vorgezogen. Und da sitzen sie also.

Martin Rütter hat alle anderen Hunde, die gerade mit seinen Mitarbeiterinnen auf dem Hof trainieren, in weit entfernte Areale geschickt. Zur Sicherheit, aber auch, um sich ein genaueres Bild machen zu können. Shira soll nicht abgelenkt werden. Falko Brinkmann zieht der Hündin einen Maulkorb über, der sie nicht weiter zu stören scheint.

Rütter bittet nun seine Mitarbeiterin Andrea Buisman und ihren Labrador Boomer um Mithilfe. Am Ende des eingezäunten Areals, auf dem wir uns aufhalten, erscheint sie mit dem angeleinten Boomer. Beide bleiben reglos stehen.

Etwa 15 bis 20 Meter weiter kommt Spannung in die Schäferhündin: Sie hat sich aufgerichtet, die Ohren gespitzt. Boomer und Andrea spazieren nun am Zaun entlang, beachten Shira in keiner Weise. Aber ihre Bewegung und die Verkürzung des Abstands tun das ihre: Shira stellt sich auf, hängt sich in die Leine, bis die Vorderpfoten in der Luft hangeln und die Zunge hechelnd aus dem Maul hängt.

Shira sucht nach einer Lücke im Zaun.

Sie gibt heftige Drohlaute von sich. Dreht sich immer wieder zu Herrn Brinkmann um, der ihr wie immer in solchen Situationen leicht in die Flanke stößt, was aber keineswegs den Ablauf stört. Selbst als Boomer wieder in etlichen Metern Entfernung einfach nur stehen bleibt, ist die Schäferhündin so aufgeputscht, dass sie kaum noch zu halten ist. Sobald Boomer verschwunden ist, folgt Shiras spontane Rückverwandlung – sie hat jetzt großen Durst.

So also sieht ein kampfbereiter Hund aus.

Ortswechsel. Wir gehen zu einer großen, ungemähten Wiese, die durch einen etwa drei Meter hohen Maschendrahtzaun gesichert ist. Shira, die immer noch ihren Maulkorb trägt, darf von der Leine. Sie stöbert interessiert im hohen Gras, entfernt sich, kommt auf Zuruf zu Herrchen und Frauchen zurück. Sichtlich genießt sie die Düfte und den Sonnenschein.

Nun tauchen in drei Metern Entfernung wieder Andrea und Boomer auf. Sie gehen auf der anderen Seite des Zauns entlang, werfen Futterbeutel, Boomer tobt ein wenig herum, räkelt sich dann genüsslich in der Sonne.

Die Schäferhündin zeigt keine Anzeichen von Angst, wenn sie Artgenossen erspäht.

Mit Artgenossin Shira auf der anderen Seite geht eine dramatische Veränderung vor. Wie eingangs beschrieben, regt sie sich unsäglich auf. Sie fletscht das Gebiss, schnellt am Zaun hoch, schnappt überaus erregt in die Luft. Dann aber hält sie kurz inne und peilt klug die Lage: Gibt es hier einen Durchschlupf? Da hinten ist das Tor zum Gelände, sie steckt den Kopf unter der Tür durch und versucht, sich klein zu machen. Als das nicht gelingt,

Die erste Regel für Shira: Ohne Maulkorb und Leine darf die Hündin das Haus nicht mehr verlassen.

geht das aggressive Toben von vorn los, bis ihr die Zunge wie ein langer Lappen aus dem Maulkorb hängt. Und das alles, obwohl sie keinerlei Reaktion des Labradors bekommt. Der steigt mit keiner Schwanzbewegung auf das Kampfangebot ein. Boomer verlässt sich auf sein Frauchen und auf Rütters Maschendraht. Das wohlige Geräkel im Sonnenschein wirkt, als tippe sich der Labrador kurz mit dem Zeigefinger an die Stirn.

Auch ohne die Anwesenheit der Halter wird Shira aggressiv.

Wir stehen mit Boomer auf der sicheren Seite des Zauns und sind sehr still geworden. Ein Kloß sitzt uns im Hals. Wir blicken auf Shira: So also sieht ein kampfbereiter Hund aus.

Martin Rütter schickt die Brinkmanns außer Reichweite. Er will sehen, wie Shira nun reagiert. Tatsächlich hört sie mit dem Toben auf, schaut ihnen hinterher, winselt und wimmert einige Minuten. Dann aber kümmert sie sich wieder um ihre eigenen Angelegenheiten. Sie steigt erneut hoch, überschlägt sich fast und kommt erst zur Ruhe, als Boomer lässig aus ihrem Gesichtsfeld schlendert.

Shira leert einen großer Napf Wasser, dann bringen ihre Menschen sie zurück zum Auto. Völlig erschöpft steigt die Hündin ein und ruht.

Die Brinkmanns ahnen es, ehe Martin Rütter es ausspricht. Aus ihrem Traum, so wie früher mit zwei Hunden zu leben und herumzutollen, wird wohl nichts. Rütter kann auch kein Zeichen von Unsicherheit und Angst bei Shira erkennen. Das Verhalten ist spontane, offensive Aggression. Eine weit gefasste, territoriale Angriffsbereitschaft, die einfach nur aussagt: »Dieser andere Hund soll weg«. Egal, um welchen Preis. Egal, ob der Artgenosse ruhig ist oder droht. Shiras Verhalten wird nicht durch das anderer Hunde oder gar die Zurufe und Knüffe ihrer Menschen beeinflusst. Ein Ritual, das ganz von allein abläuft.

Desensibilisierungstraining und ein Sportprogramm können helfen.

Die ersten Sicherheitsratschläge: Shira soll vorerst nur mit Maulkorb außerhalb von Haus und Garten laufen, und dann auch nur angeleint. Niemand kann garantieren, dass kein anderer Hund auftaucht. Wenn noch einmal etwas passiert, wenn der Hundebesitzer – anders als im vorliegenden Fall – Anzeige erstattet, kann das ein Todesurteil für die Hündin sein. Für Artgenossen erst recht, wie Brinkmanns schmerzlich erfahren mussten. Zusätzlich werden Hund, Herrchen und Frauchen im »Zentrum« ein Desensibilisierungstraining mitmachen.

Erst in der Ferne, dann immer näher wird Shira mit der Präsenz von Artgenossen konfrontiert. Immer gerade so weit, dass sie es eben noch erträgt, ohne wütend aufzusteigen. Schritt für Schritt soll sie so lernen, andere Hunde auszuhalten, sich auch in deren Gegenwart sicherer zu fühlen. Und auch die Halter müssen lernen, Shira noch genauer zu beobachten, um das Training zu Hause mit befreundeten Hundehaltern fortzusetzen. Eine Zentimeterarbeit.

Um der Stärke und der Bewegungslust der Schäferhündin gerecht zu werden, wird Andrea Schweizer, eine erfahrene Mitarbeiterin Rütters, ein Sportprogramm entwickeln, das im großen, eingezäunten Garten der Brinkmanns ablaufen kann. Eine Möglichkeit für Hund und Halter, doch noch Spaß miteinander zu haben.

Martin Rütter:

Mir tun die Halter Leid – dass ausgerechnet so klare, emotional aufrichtige Menschen an solch einen schwierigen Hund geraten. Sie sind ehrlich betroffen und haben geweint, weil ihr eigenes Familienmitglied einen anderen Hund getötet hat. Und ich habe großen Respekt, weil sie den Vorfall in keiner Weise bagatellisieren, sondern klar und deutlich sehen, dass von ihrem Hund eine Gefahr ausgeht. Vor zwei Jahren haben sie Shira bei sich aufgenommen und seither unglaubliche Einschränkungen in ihrem Alltag hingenommen. Und nun ist es passiert.

Wir haben es im »Zentrum« häufiger mit Hunden zu tun, die andere Hunde getötet haben, aber selten mit Haltern, die die Problematik erkennen. Da wird ignoriert, bagatellisiert, nach Ausreden gesucht. Schon allein deshalb schätze ich die Brinkmanns sehr.

Oft bagatellisieren die Halter aggressiver Hunde das Problem.

Aber ich muss leider auch ganz klar sagen, dass ihre Hoffnungen, die Hündin irgendwann einmal frei im Stadtpark laufen zu lassen und ihr beim lockeren Spiel mit anderen Hunden zuzusehen, völlig unrealistisch sind.

Shira stammt offensichtlich aus einer durchschnittlich schlechten Schäferhundzucht. Sie ist relativ reizarm und isoliert gehalten worden und hat keinerlei positive Erfahrungen mit anderen Hunden gemacht. So ein Hund ist mit zwei Jahren erwachsen und muss leider mit der Problematik leben.

Dieses Verhaltensmuster kann man auch mit dem besten Training nicht mehr wegtherapieren. Einen Hund dieser Gewichtsklasse, der so massiv vorgeht, kann man nicht ruhigen Gewissens frei laufen lassen. Aber man kann es schaffen, dass der Hund an der Leine leichter zu führen und zu kontrollieren ist und dass er andere Hunde bis auf eine bestimmte Distanz toleriert.

Shira hat wenig positive Erfahrungen mit anderen Hunden gemacht.

Als Shira bei uns mit einem anderen Hund in über 20 Metern Distanz konfrontiert wurde, reagierte sie sofort: Sie richtete sich auf. Bei der ersten Bewegung des anderen Hundes zeigte sie massive Drohgesten, ein Drohen aus der Distanz, das sich erst recht nicht durch einen Flankenschubs des Halters korrigieren lässt. Sie schaute sich nur kurz um, zog den Kopf ein, weil sie schon auf die menschliche Reaktion wartete. Und setzte dann das aggressive Drohen fort.

Ziel der Therapie muss es sein, dass Shira andere Hunde wenigstens auf Distanz erträgt.

Wenn sich solche Verhaltensweisen erstmals zeigen, kann man den Weg in die direkte Aggression in aller Regel noch aufhalten, indem man dem Hund ein Alternativverhalten zur Aggression anbietet. Es muss nur ein möglichst starker, alternativer Reiz sein, zum Beispiel ein aufregendes Futterspiel oder andere Bewegungsspiele mit den Haltern. Je nachdem, was dem Hund gefällt.

Bei ersten Anzeichen von Aggression braucht der Hund eine spannende Alternative.

Unterbleibt das, weil die Menschen diese Vorstufen übersehen oder verharmlosen, dann werden sie verinnerlicht, ritualisiert. Die Spirale der Aggression geht weiter, bis zu dem Punkt, wenn andere Hunde – oder auch Menschen – tatsächlich angegriffen und geschädigt werden.

Anzeichen von Aggression dürfen auf keinen Fall verharmlost werden. Drohen aus der Distanz zum Beispiel wird oft ignoriert oder als harmlos abgetan, weil ja angeblich »nichts« passiert ist. Tatsächlich ist das die erste

Stufe aggressiven Verhaltens. Werden mit dem Hund nicht hier schon Alternativen trainiert, ritualisiert sich das Verhalten. Es kommt zu körperlichen Drohgesten bis hin zu direkten Angriffen.

Shira ist so stark territorial motiviert aggressiv, dass sie im Zweifelsfall sogar tötet. Ein inzwischen so ausgeprägtes Verhalten ist durch entsprechendes Training kaum noch zu ändern, sondern allenfalls abzuschwächen.

Vor allem ist sie sehr rigoros in ihrer Aggression: Sie zeigt keine Zeichen von Angst vor Hunden. Als sie durch den Zaun den Labrador Retriever Boomer sah, steigerte sie sich sofort in massives Drohen, sie galoppierte am Zaun entlang, knurrte, stieg am Zaun hoch. Aber sie überlegte auch, wie sie ihr Ziel »Weg mit dem Hund aus meinem Blickfeld« wirkungsvoller erreichen könnte. Sie ging ganz kühl strategisch vor und suchte eine Schwachstelle im Zaun. Ein ganz ernstes Anliegen also, das sie sehr konsequent verfolgte.

Shira geht bei ihren Angriffen strategisch vor.

Ihre Lautäußerungen entsprangen eher einer Frustration, weil sie durch den Zaun gestoppt wurde. Denn als sie am Vortag den Yorkshire zerbissen hatte, ging alles sehr schnell und lautlos. Ein Verhalten, das ich zwar als impulsiv, aber auch als »strategisch« bezeichne, weil sie einem klaren Plan folgte.

Andererseits war es offensichtlich nicht ihre Absicht, den anderen Hund zu töten. Sie hat ihn nach der Attacke sofort abgelegt. Hunde, die eine Beute töten, schütteln sie heftig und geben sie oft erst später frei. Die Rückgradverletzungen des Yorkshireterriers deuten zwar darauf hin, dass Shira ihn geschüttelt hat, dann aber hat sie losgelassen. Es geht ihr in allererster Linie darum, dass der andere Hund verschwindet. Die Tötung war in diesem Fall ein Nebeneffekt aufgrund der unterschiedlichen Größenverhältnisse.

Territoriale Aggression kann sich bis zur Tötungsabsicht steigern.

Es ist wichtig, zu erkennen, dass es sich um eine sehr stark ausgeprägte territoriale Aggression handelt: Shira duldet keinen anderen Hund in ihrer Nähe. Sie handelt nicht zwingend in Tötungsabsicht. Das aggressive Verhalten hatte auch nichts mit Imponiergehabe gegenüber ihren Menschen zu tun. Um das zu prüfen, habe ich Herrn und Frau Brinkmann gebeten, sich kurz zu entfernen. Nach sehr kurzer Zeit setzte Shira ihr Gebaren unverändert fort. Ein von ihren Menschen völlig losgelöstes Verhalten, eine Aggression, die also nicht etwa sozial motiviert ist.

Es ist wirklich schwierig, hier zu helfen. Ohne Maulkorb kann sie nicht mehr aus dem Haus. Aber sie wird auch angeleint sein müssen. Kleine Hunde kann sie trotz Maulkorb schwer verletzen oder töten. Und ein Hund, der so aggressiv ist, kann auch psychische Schäden bei anderen Hunden anrichten. Womit sich das Problem der Angst oder Aggression unter Hunden multiplizieren würde.

Massive Attacken ohne Vorzeichen gibt es nicht.

Wir hatten zum Beispiel einen Riesenschnauzer zum Training, der im Alter von zwei, drei Jahren angeblich von einem Tag auf den anderen völlig unkontrollierbar wurde. Er verbiss sich mehrfach in den Mann der Familie, ließ ihn nicht mehr los, packte ihn, schüttelte ihn, verhielt sich wie bei einer durch Beute motivierten Aggression.

Tatsächlich hatte man die Vorzeichen hartnäckig übersehen. Alle Abstufungen vom Drohen auf Distanz bis zum Drohen mit Stupsen und Rempeln. Auf Nachfragen erfuhren wir, was wir schon vermuteten: billige Massenzucht, schlechte Prägung, schlechte Erziehung, schlechte Haltung.

Für Shira müssen in Zukunft Beschäftigungen im eigenen Garten gefunden werden, die sie geistig und körperlich fordern.

Drei Stufen der Aggression

Das Schema von Dr. Dorit Feddersen Petersen zeigt die klassische Steigerung von Aggression in drei Stufen.

I. Drohung ohne Körperkontakt

Stufe 1:

Distanzdrohung: Fixieren, Zähneblecken, Maulaufreißen

Stufe 2:

Distanzunterschreitung mit gelegentlichem Körperkontakt: Beißerei, Abwehrschnappen

II. Drohung mit Körperkontakt

Stufe 3:

Drohung mit Körperkontaktaufnahme: Über-die-Schnauze-Beißen, Ringkampf

Stufe 4:

Körperkontakt mit Einschränkung der Bewegungsfreiheit: Queraufreiten, Über-dem-Gegner-Stehen, Runterdrücken, Schieben, Abwehr auf dem Rücken, Abwehrstoßen

III. Beschädigung

Stufe 5:

Gehemmte Beschädigung: Anrempeln, Vorstoßen, Anspringen, gehemmtes Abwehrbeißen, gehemmtes Beißen

Stufe 6:

Ungehemmte Beschädigung: Beißen, Beißschütteln

Aus: *Deutsche Tierärztliche Wochenschrift (2001),* Ausgabe 108, »Zur Biologie der Aggression des Hundes«

Wenn aber ein Hund einen Menschen so massiv angegriffen hat, dann ist eine Grenze überschritten. Dann muss auch ich sagen: »Hier trainiere ich nicht mehr weiter.« Der Hund ist leider immer der Leidtragende, denn im Interesse der Gesellschaft muss ein solcher Hund getötet werden – natürlich erst, wenn nach ausführlichen medizinischen Untersuchungen ganz klar ist, dass es keine zu Grunde liegenden organischen Auslöser gibt, etwa eine kurierbare Krankheit.

Tragisch ist in solchen Fällen eigentlich immer, dass das Aggressionsmuster hätte gestoppt werden können, nämlich wenn die Menschen genau hingeschaut hätten, als der Hund kleinere Anzeichen von Aggression zeigte. Massive Attacken ohne Vorstufen gibt es nicht. Es sei denn, es liegen pathologische Störungen vor.

Auch bei Shira ist eine Grenze überschritten. Aus den massiven Drohungen gegen andere Hunde ist Ernst geworden. Wir werden versuchen, sie daran zu gewöhnen, in einem gewissen Abstand Hunde zu tolerieren. Und wir werden uns angemessene Beschäftigungen ausdenken, sodass sie sich im großen Garten der Familie körperlich und geistig ausgiebig beschäftigen kann.

Buddy und Shari – der Beginn einer Freundschaft

Sie ist hinreißend: zehn Wochen alt, quirlig und kess. Sie läuft auf großen Pfoten und mit flatternden Schlappohren durch die aufregende Welt. Shari, die kleine Dackelhündin, ist das neueste Mitglied der Familie Scheuer. Neben ihr wächst Buddy, der Deutsch-Drahthaar-Rüde, zu gewaltigen Ausmaßen an – kaum vorstellbar, dass er sich dazu herablassen könnte, den Winzling als Gefährtin zu akzeptieren.

Diese Sorge teilen auch die Scheuers. Und das, obwohl sie nicht weniger als vier Jahrzehnte Erfahrungen mit der Kombination Dackel und großer Hund haben. Der sechsjährige Buddy hat sich mit dem vor kurzem verstorbenen, 14-jährigen Dackelrüden Benny jahrelang prächtig verstanden. Nun aber ist etwas passiert, das vor allem Gisela Scheuer ängstigt.

Nachdem sich im Tierheim kein passender Nachfolger für Benny fand, entschieden sich Scheuers für einen Welpen. Genauer gesagt, für eine Dackelhündin. Buddy durfte mitkommen, sie beschnuppern und kennen lernen. Alles schien in Butter. Noch auf der Autofahrt – Buddy hinten, Shari im Körbchen auf der Rückbank – herrschte eitel Sonnenschein. Als aber die beiden Hunde daheim auf dem Rasen standen, knurrte Buddy die Kleine an und zeigte die Zähne. Und auch im engen Hausflur wurde er unfreundlich, wenn sich Shari zu sehr aufdrängte. Ein heftiger Schnauzgriff, eine minutenlang fiepende Hand voll Dackel – und es war um Gisela Scheuer geschehen. Angst, Panik, Erstarrung, eine schlimme Erinnerung kommt auf.

Es war vor fünf Jahren. Ein schöner Sommertag, Scheuers sitzen auf ihrer großen Terrasse und tun, was man an so einem Tag halt tut: Sie grillen. Der damals neun Monate alte Buddy und Dackelrüde Bärli, ein

Buddy und Shari bei der Kontaktaufnahme.

14-jähriger Senior, lagern in der Nähe und warten geduldig ab: Irgendwann fällt immer eine Portion für sie ab.

Frau Scheuer wirft schließlich beiden ein Stückchen Fleisch hin. Buddy schnappt nach dem Brocken, lässt ihn runterfallen. Dackel Bärli ist schneller und will nach Buddys Beute schnappen. Da beißt Buddy zu. Der Dackel ist schwer verletzt. Zwar überlebt er, hat aber nach dieser Erfahrung so massive Angst vor Buddy, dass die beiden Hunde nicht mehr in einem Haushalt leben können.

Beim Grillen biss Buddy zu.

Das war kein Missverständnis, das wissen Scheuers schon lange. Als Welpe Buddy ins Haus kam, trauerte Dackel Bärli noch um seinen toten Gefährten und lehnte Buddy von Anfang an ab. Buddy ordnete sich dem kleinen Chef unter, Scheuers brachten durch ihr Bemühen, beide trotz der offensichtlichen Rangordnung gleich zu behandeln, Unruhe in das Sozialgefüge. Je älter Welpe Buddy wurde, desto mehr kam die Beziehung zum betagten Bärli ins Wanken. Der blutige Zwischenfall auf der Terrasse war der Endpunkt einer Entwicklung.

Die folgenden fünf Jahre völliger Harmonie zwischen Buddy und dem Bärli-Nachfolger Benny sind für Gisela Scheuer wie weggewischt, als sie die aufkommende Missstimmung zwischen dem Rüden und dem Welpen zu spüren glaubt.

Wie stark ihre Ängste sind, merkt sie, als sie Buddys Knurren hört und die noch ungeschickte, freche Shari den großen Rüden einfach nicht in Ruhe lässt. Ein weiteres Knurren und Abdrängen in der Küche, während sie das Futter für die beiden vorbereitet – Frau Scheuers Freude über den munteren Welpen verwandelt sich in düstere Fantasien: Sharis Leben fängt gerade erst an, da soll sie doch nicht vom großen Buddy zerfetzt werden.

Die Scheuers wenden sich an Martin Rütter – sicher ist sicher. Zumal Klaus Scheuer noch seine eigenen Probleme hat: Er versucht gerade, sich mühevoll von Buddy zu emanzipieren, der ihm seit einiger Zeit auf Schritt und Tritt folgt und den Bewegungsspielraum von Herrchen bestimmt.

An der Wand hängt ein großes Foto: Buddy mit einem toten Kaninchen im Maul, denn er geht oft mit Herrchen zur Jagd. Oder ist es umgekehrt? Zwar befolgt Buddy die Anweisungen von Herrn Scheuer sehr genau – die beiden sind ein erfahrenes Team –, aber Buddy bleibt auch nah an ihm dran. Auch im Flur, im Wohnzimmer und später im Garten bleibt Buddy in seiner Nähe – jedoch nicht aus purer Liebe und Anhänglichkeit, stellt Rütter fest. Das ist einfach Kontrolle, Herr Scheuer gehört Buddy sozusagen. Der Hund ist der Chef.

Buddy folgt seinem Herrchen auf Schritt und Tritt und begrenzt dessen Bewegungsspielraum.

Das könnte die Lage verkomplizieren. Denn wenn Scheuers den natürlichen Verführungskünsten des Welpen allzu sehr nachgeben, könnte Buddy sich sozial zurückgesetzt fühlen. Immer erst mit Buddy schmusen, dann mit Shari und zum Abschluss wieder mit Buddy. Dadurch wird klar, wer die Nummer eins unter den Hunden ist. Denn wenn die Lage zwischen den Hunden ernst wird, steht außer Frage, wer das stärkere Gebiss hat.

Buddy schläft in seinem Korb, als Martin Rütter anrückt. Tür zu. Er möchte erst einmal allein beobachten, was passiert, wenn die Dackelhündin auf Buddy zugeht.

Buddy bleibt die Nummer eins unter den Hunden. Mit ihm wird zuerst geschmust.

Wir warten auf der Terrasse, bis Rütter mit Shari zu uns kommt, und erliegen auf der Stelle dem Charme des Welpen: große Füße, krumme Beinchen, immer auf der Suche nach Spielzeug und Knabbermöglichkeiten. Doch, wir verstehen die mütterliche Sorge der Hausherrin.

Martin Rütter hat sich inzwischen ein Bild von Buddy gemacht: ein ruhiger, gelassener Hund, der in der Lage sein müsste, sich selbst und einen Welpen gut einzuschätzen.

Nun treffen Buddy und Shari in unserer Gegenwart zum ersten Mal wieder auf der Terrasse zusammen. Wir halten den Atem an, so absurd sind die Größenverhältnisse.

Es beginnt eine Szene von großer Intensität, vor allem für Frau Scheuer. Sie krallt sich an Martin Rütters Arm fest und verhilft ihm zu zwei dicken blauen Flecken.

Shari nimmt die Korrekturmaßnahmen von Buddy an und beschwichtigt ihn auf diese Weise.

Kein Respekt vor großen Tieren: Die winzige Shari tapst sofort auf Buddy zu, wuselt zwischen seinen Beinen, springt an ihm hoch. Genervt zieht sich Buddy auf seinen Lieblingsplatz zurück: unter den Campingtisch mit der überhängenden Decke. Shari setzt unbefangen nach. Buddy knurrt. »Er verlangt Abstand«, wie Simultandolmetscher Rütter erläutert. Shari probiert es noch zwei-, dreimal, dann legt sie sich in gebührendem Abstand auf den Rücken. Eine Beschwichtigungsgeste, die zeigt: »Ich habe verstanden.« Buddy entspannt auch und legt den Kopf auf die Pfoten.

Wir alle entspannen. Denn klar ist, wenn hier was passiert, dann passiert es so schnell, dass niemand eingreifen kann.

Lange hält Shari die Rückenlage nicht durch. Schwupp, ist sie wieder auf den Pfoten, läuft vor Buddys Nase herum, verkürzt den Abstand. Buddy knufft sie weg, schnappt ein bisschen nach ihr. Shari hin und her, Gebell, Gequietsche, sie fordert ihn zum Spielen heraus.

Buddy erhebt sich zu majestätischer Größe. Wir erleben einen aufregenden Dialog: Shari geht ran, Buddy weist ab. Sie laufen herum, Shari macht sich unter einem Blumenkasten klein, Buddy legt sich davor. Und geht einen Schritt zurück, legt sich auf die Seite: »Vor dir habe ich keine Angst, aber du nervst mich.« Shari krabbelt aus ihrer Deckung, läuft um den immer noch auf der Seite liegenden Buddy herum, zwackt hier und da. Buddy steht auf, hält Shari mit einem knappen Schnauzgriff wieder auf Abstand. »Er hat sich auf sie eingelassen«, erklärt Martin Rütter, »er weist sie nicht ab, er erzieht sie.«

Nicht ganz so beruhigend für Frau Scheuers Nerven ist Rütters nächster Hinweis: Bei diesen Größenverhältnissen kann der Kopf des Dackelwelpen beim Schnauzgriff auch mal ganz im Maul von Buddy verschwinden. Kein Grund zur Besorgnis also.

Die beiden ungleichen Hunde werden immer lockerer. Buddy kann an Geruch, Körpersprache und Motorik problemlos erkennen, dass sein Gegenüber ein Welpe ist. Und zwar einer, der auf seine Korrekturen reagiert. Und Shari erkennt, dass der erwachsene Hund ihr soziale Regeln beibringt: Voraussetzung für ein harmonisches Zusammenleben. Je besser wir das Verhalten der Hunde verstehen, desto faszinierter sind wir. Wir beobachten den Beginn einer Freundschaft.

Beim Zusammentreffen übersetzt Rütter die Körpersprache der Hunde.

Und mit Mut, Spaß am Lernen und ungeheurer Energie schafft es die halbe Portion Dackel tatsächlich, den großen Buddy in Spiellaune zu bringen. Übermütig toben sie herum, hier und da zeigt ihr Buddy: »Bis hierher und nicht weiter.« Shari legt sich auf die Seite, wälzt sich auf den Rücken, springt wieder auf. Zwei ungleiche Partner, die sich verständigen.

Auch der Druck an Rütters Arm wird schwächer. Frau Scheuer atmet tief durch, die Angst fällt von ihr ab. Sie hat plötzlich Augen für die Schönheit der Szene.

Als sich Buddy schließlich unter seinen Tisch zurückzieht, akzeptiert Shari das und legt sich müde und zufrieden auf Frauchens Füße.

Um den Lerneffekt bei den beiden Menschen zu festigen, lädt Martin Rütter sie ins »Zentrum« ein. Er möchte Shari mit seiner Hündin Mina zusammenbringen. Da wird dann alles noch einmal ablaufen. Mina wird sich ähnlich wie Buddy verhalten, Scheuers werden noch deutlicher erkennen, dass hier alles in Butter ist zwischen jungem und erwachsenem Hund. Sie müssen nur die Chance haben, eine Beziehung aufzubauen, sich unter Aufsicht weiter ausprobieren.

Ein aufregender Dialog beginnt.

Die Gefahren lauern hier nicht im Verhältnis der Hunde zueinander. Jedenfalls nicht, wenn die Halter einige Vorsichtsmaßnahmen treffen.

Wie man an der Jahre zurückliegenden Attacke von Buddy sehen konnte, darf kein Futterneid aufkommen, da ist der Spaß für Hunde vorbei. Getrenntes Füttern ist eine ganz einfache Maßnahme, um Stress zu vermeiden.

Und auch Sozialneid muss vermieden werden. Weder darf Buddy sich beim Streicheln und Schmusen zurückgesetzt fühlen noch darf seine Position als Nummer eins in Frage gestellt werden.

Das kann sich mit der Zeit verändern, wobei nicht der Größenunterschied, sondern Temperament und vor allem der Altersunterschied eine Rolle spielen könnten, zum Beispiel, wenn etwa Shari in die besten Jahre kommt und aus dem drahtigen Buddy ein ruhebedürftiger Alter wird.

Aber das ist schon wieder eine andere Geschichte.

Martin Rütter:

Für mich war das ein sehr schöner Hausbesuch. Ich finde es immer wieder spannend, die Entwicklung zwischen zwei Hunden zu beobachten. Bei Buddy und Shari kann man wirklich sehen, wie klar sie miteinander umgehen und wie sich die Beziehung weiterentwickeln wird.

Die kleine Dackelhündin verhielt sich sehr neutral, sie fiel nicht durch besonders negative oder positive Eigenschaften auf, sondern war im besten Sinn »normal«, ein durchschnittlicher Welpe. Obwohl man sehen kann, dass sie ganz schön frech ist. Sie kläfft Frauchen an, legt sich auf ihre Füße, knabbert an ihr herum.

Der Deutsch Drahthaar machte schon auf den ersten Blick einen sehr souveränen Eindruck. Ein ruhiger Rüde, den so leicht nichts aus der Ruhe bringt. Er beobachtet sehr genau, schätzt Situationen ein und weiß, was er zu tun hat – keinerlei Neigung zur Hysterie. Aber ich konnte auch klar erkennen, dass Buddy der Boss im Haus ist. Vor allem, was sein Herrchen angeht.

Kann Buddy diesen Winzling akzeptieren?

Er beschlagnahmt Herrn Scheuer für sich, kontrolliert ihn, folgt ihm sehr aufdringlich und betrachtet ihn ganz offensichtlich als sein soziales Eigentum. Dieses Verhalten hat sich noch verstärkt, seit die Kleine da ist und seit Herrchen stärker darauf achtet, nicht mehr ganz so schnell auf Buddys Wünsche einzugehen. Lange Zeit hat Buddy bestimmt, wann er gestreichelt werden möchte, und Herrchen hat gehorcht. Seit Herr Scheuer zeigt, dass er auch was zu sagen hat, verleiht Buddy seinen Wünschen deutlicheren Nachdruck: Er folgt Herrn Scheuer auf Schritt und Tritt und zeigt Präsenz.

Den ersten Eindruck von beiden Hunden zusammen hatte ich im Hausflur. Buddy lag entspannt in seinem Korb, als die Dackeldame auf ihn zuging und sich an ihn kuscheln wollte. Buddy hat ganz deutlich gegrollt, ein klares Warnsignal, mit dem er Abstand einforderte.

Shari ging nicht darauf ein, drängelte sich weiter an ihn, versuchte, in den Korb zu steigen. Buddy knurrte noch einmal, zeigte die Zähne – stand auf und ging.

Eine Reaktion, die oft als Nachgeben oder Unterwerfen interpretiert wird. Tatsächlich hat er ihr nur gesagt: »Ich habe dir klare Grenzen gezeigt, ich gehe jetzt eine Runde weg und beim nächsten Mal läuft das dann anders.«

Buddy bringt dem Welpen Sozialverhalten bei.

Er kam dann gleich zurück, legte sich hin, Shari wieder hinterher. Jetzt hatte ich eigentlich stärkere Korrekturmaßnahmen erwartet, dass sie also für ihre Aufdringlichkeit eins auf den Deckel kriegt. Nicht hart und aggressiv, aber doch deutlich. Einen Stoß in den Nackenbereich, einen Schnauzgriff, eben wie ein älterer Hund einem Welpen gegenüber seine Meinung ausdrückt.

Aber es kam anders. Es war wunderbar zu sehen, dass Shari nach dem Knurren etwas begriffen hatte. Sie hielt Abstand, legte sich auf die Seite, kullerte herum, legte sich auf den Rücken. Sie zeigte sämtliche Beschwichtigungssignale und blieb dabei vollkommen entspannt. Sie war in keiner Weise ängstlich. Sie wusste genau: »Wenn ich das so mache, dann verhält sich mein Gegenüber friedlich und freundlich.«

Martin Rütter demonstriert den Schnauzgriff.

Das war für mich der Moment, in dem mir klar war, dass es zwischen den beiden eine klare Kommunikation gibt. Sie reagieren völlig entspannt aufeinander. Wenn jetzt nicht gerade die Menschen ein begehrtes Schweineohr zwischen die beiden werfen, werden sie sich prima verstehen. Kein Grund also, sich hier Sorgen zu machen, dass der Große auf die Kleine losgeht oder sie gar verletzt.

Ein Bewertungskriterium für mich war auch, dass Buddy bei der Begegnung auf der Terrasse nie von sich aus zu Shari gerannt ist, etwa um sie aus territorialen Gründen aggressiv anzugehen. Er hat immer beobachtet und erst reagiert, wenn sie zu aufdringlich wurde. Er hat ihr mit Schubsen oder Schnauzgriff deutlich gemacht, wann er seine Ruhe haben möchte – ein völlig normales Verhalten. Auch der geduldigste Vater will schließlich mal ganz für sich sein.

Großer Altersunterschied – positiv oder negativ?

Ein großer Altersunterschied zwischen zusammenlebenden Hunden erweist sich oft als vorteilhaft, weil er klare Verhältnisse schafft. Bei ähnlich alten Hunden ist das Risiko recht groß, dass eine Konkurrenzsituation entsteht, die in starke Aggressivität untereinander münden kann. Im Gegenteil ist es aber – gerade bei Wurfgeschwistern – auch möglich, dass sich die Hunde derart stark aneinander binden, dass der Mensch zum Außenstehenden wird.
Man sollte grundsätzlich erst dann einen zweiten Hund anschaffen, wenn die Beziehung zwischen Mensch und Hund völlig klar ist und funktioniert, was bei einem zwei- oder dreijährigen Hund normalerweise noch nicht der Fall sein kann. Wenn der neue Hund beobachtet, dass der bereits in der Familie lebende kaum Regeln einhalten muss, liegt es für ihn einfach näher, sich an dem alteingesessenen Hund und nicht am Menschen zu orientieren.

Beim Futter verstehen Hunde keinen Spaß

Um eine Konkurrenzsituation gar nicht erst aufkommen zu lassen, sollten Sie getrennt und der Rangordnung entsprechend füttern: Das ranghöhere Tier ist zuerst dran.

Von einer solchen Kommunikation können Menschen viel für ihren eigenen Umgang mit Hunden lernen. Denn häufig verhalten sie sich genau anders: Da kommt der Welpe ins Haus und darf alles machen, was er will. Er nervt, und alle finden das putzig. Statt ihm gleich klar zu machen: »Hier sind deine Grenzen, und dann verstehen wir uns prima. Das ist mein Haus, und wenn du dich benimmst, klappt das mit uns.« Genau das vermittelt Buddy der Hündin gerade. Er bringt ihr Umgangsformen bei. Er zeigt ihr, wie das Sozialgefüge zwischen Hunden funktioniert und wer hier als erster Zugang zu Futter, Menschen oder Liegeplätzen hat.

Es war auch klar zu sehen, wie Buddy sich im Laufe der Begegnung immer mehr entspannte. Als er sah, dass die Kleine seine Signale verstand, legte er sich völlig entspannt hin. Er machte kleine Aufforderungsgesten, kam immer mehr in Spiellaune und wurde immer toleranter.

Auch während des Spiels konnte man immer wieder sehen, dass Buddy die Regeln bestimmte: Wann er hinter ihr herläuft, wann Pause ist. Wenn sie zu wild und wuselig wurde, hat er sie auch mal kurz in den Nacken gestupst und einfach »Schluss jetzt« gesagt. Immer auf ganz erzieherische Weise, keine Spur von übertriebener Aggression. Dass Shari ein Welpe ist, kann Buddy ganz klar erkennen.

Zwischen den Hunden gibt es eine klare Kommunikation.

Bei der Beobachtung solch spielerischer Erziehung können Menschen aber vor allem lernen, was ein erwachsener Hund gegenüber Welpen nicht tut: Er packt sie nicht im Nacken und schüttelt sie.

Leider wird immer noch in vielen Hundebüchern und an etlichen Hundeschulen behauptet, dass man den »ungehorsamen« Welpen am besten im Nackenfell packt und ordentlich durchschüttelt, die Mutter würde das angeblich auch tun. Was für die Halter erst einmal logisch klingt, weil sie ja beobachten können, dass die Mutter die Welpen im Nacken fasst und sie auf diese Weise transportiert.

Ein eklatantes Missverständnis: Transportieren ist das eine, Schütteln etwas ganz anderes. Niemals würde eine Hündin ihren Welpen packen und schütteln. Ein Hund, der das tut, handelt in der klaren Absicht, diesen Welpen schwer zu verletzen oder zu töten.

Schütteln ist eine Tötungstechnik, keine Erziehungsmaßnahme.

Man braucht sich nur Folgendes vorzustellen: eine 30 Kilogramm schwere Hovawarthündin und ihren ein Kilogramm leichten Welpen. Und nun packt sie ihn im Nacken und schüttelt ihn? Dann passiert genau das, was auch mit der Beute, einem Kaninchen etwa, passiert: Genickbruch, schwerste Wirbelsäulenverletzungen. Auf diese Art tötet sie einen Hasen. Nicht durch Beißen, sondern durch Schütteln. Schütteln ist niemals eine Erziehungsmaßnahme, es ist eine Tötungstechnik.

Natürlich packen sich Welpen untereinander mal am Nacken und schütteln kurz. Ein spielerisches Training für den späteren Beutefang. Ein ungefährliches außerdem, denn da wird ja in der gleichen Gewichtsklasse geübt.

Wenn man aber einen Welpen packt und ihn schüttelt, nur weil er in die Wohnung gepinkelt hat, dann denkt er, man will ihn umbringen. Darauf gibt es zwei übliche Reaktionsweisen: Die einen Welpen hängen sofort wie ein nasser Sack in der Hand. Sie haben resigniert, sie erwarten den Tod. Dann sagt so mancher Hundetrainer: »Sehen Sie, wie prima das funktioniert.« Die zweite Kategorie von Welpen wehrt sich verzweifelt in Todesangst, sie knurren, treten, strampeln. Was der Hundetrainer dann mit dem Hinweis auf »Dominanz« kommentiert.

Ein Welpe, der im Nacken gepackt und geschüttelt wird, hat Todesangst.

Irgendwann kommt auch hier der Punkt, wo der Hund einfach nicht mehr kann. Er hält seinen Menschen für geistesgestört, denn er will offensichtlich ein Familienmitglied umbringen. Nun lässt man den Welpen los. Er geht davon aus, dass er umgebracht werden sollte, merkt aber jetzt, dass er überlebt hat. Also denkt er, mein Mensch ist geistesgestört, aber körperlich ein Schwächling.

Das macht man drei-, viermal mit einem Hund, dann ist jegliches Vertrauen verloren.

Eine Hündin verhält sich völlig anders: Sie arbeitet bei der Erziehung mit Nackenstoß, mit Schnauzgriff – aber in allererster Linie über Nichtbeachtung. Sie übergeht Fehlverhalten einfach und verstärkt optimales Verhalten durch Aufmerksamkeit und Zuwendung.

Auch bei Buddy konnte man diese Hundeerziehung sehr gut beobachten: Wenn Shari zu hektisch um ihn herumlief, packte er sie über die Schnauze oder gab ihr einen kurzen Nackenstoß. Und schon ging sie auf Abstand, machte sich klein, rollte sich auf die Seite. Und Buddy ging wieder seiner Wege – keine unangemessene Aggression weit und breit. Und natürlich kein Schütteln!

Eine Hündin straft Fehlverhalten mit Nichtbeachtung.

Große Missverständnisse gibt es auch beim Stichwort »Welpenschutz«. Viele Leute meinen, Welpen hätten bei erwachsenen Hunden so eine Art Narrenfreiheit. Hunde hätten einen angeborenen Instinkt, Welpen zu tolerieren und sie nicht zu töten. Tatsächlich gilt dieser Welpenschutz nur innerhalb eines Rudels. Welpen werden auch mal schroff korrigiert, erzogen, aber sie werden nicht getötet. Dieser Schutzinstinkt gilt allerdings nicht für fremde Welpen. Wenn eine Hündin auf einen fremden Welpen losgeht und ihn tötet, dann ist das für uns natürlich furchtbar, es ist aber kein neurotisches Verhalten. Sie beseitigt einfach fremde Nachkommen. Das passiert allerdings in unseren Breiten nur sehr selten, weil unsere Hunde bis auf wenige Rassen sehr infantilisiert, also sehr kindlich sind. Sie sind tolerant, wenn Welpen aufdringlich werden, knurren, drehen sie auf den Rücken, halten den Kopf drauf. Aber man darf auch nicht vergessen, dass diese Toleranz Grenzen hat.

Schön für mich war beim Besuch der Scheuers vor allem, wie die beiden Hunde mit ihrer Kommunikation ihr Frauchen überzeugten. Frau Scheuer hatte die beiden ja aus Angst, es käme zu Aggressionen, total getrennt in der Wohnung gehalten. Sie hatte ihnen dadurch aber auch keine Möglichkeit eingeräumt, sich kennen zu lernen und eine Beziehung aufzubauen.

Shari und Buddy müssen eine Kommunikation aufbauen, solange die Dackeldame noch so jung ist.

In den ersten Minuten hielt sie meinen Arm mit eisernem Griff umklammert und war der Panik nahe, als Buddy zum ersten Mal deutlich knurrte. Je länger die Hunde miteinander kommunizierten, desto lockerer wurde dieser Griff. Bis sie sich ganz entspannte und das Zusammenspiel der Hunde sogar genießen konnte.

Stellen wir uns einmal vor, diese beiden Hunde wären weiterhin getrennt gehalten worden: Dann wäre Shari demnächst eine erwachsene Dackeldame. Die beiden Hunde würden im gleichen Haus leben, hätten aber keine Kommunikation aufbauen können. In diesem Fall käme es zu erheblich ernsthafteren Konflikten, als wenn der Welpe jetzt mal die Grenzen gezeigt bekommt.

Die Unsicherheit und die Ängste von Frau Scheuer teilen viele Hundehalter. Es gibt immer zwei Lager: Einige gehen sofort panisch dazwischen, wenn auch nur mal kurz die Zähne gezeigt werden. Damit sorgt man für eine gestörte Beziehung, denn die Hunde müssen ihr Zusammenleben unter einem Dach für sich regeln. Die anderen sagen: »Die lassen wir ganz in Ruhe, die machen das schon unter sich aus.« Auch das ist falsch, denn die Menschen haben ja einen bestimmten Rahmen geschaffen: Die Hunde können sich nicht aus dem Weg gehen.

Genaue Beobachtung ist gefragt. Wann geht es um ein aus unserer Sicht vielleicht ruppiges, aber völlig normales Umgehen miteinander? Wann wird es wirklich brenzlig und man muss den Hunden eine Atempause verschaffen, sie trennen, damit sie sich ausruhen können?

Wann greift der Halter ein?

Hunde treffen sich. Sie beschnüffeln sich, fordern zum Spiel auf, toben herum. Sie kommunizieren miteinander. Und irgendwann entsteht möglicherweise eine Spannung, »dicke Luft«. Der eine versucht, sich zurückzuziehen, der andere setzt nach, stellt sich quer vor ihn, schränkt seinen Bewegungsspielraum ein. Solange mal der eine, mal der andere die Rolle des Bedrängten einnimmt, die Kommunikation also im Gleichgewicht bleibt, gibt es eigentlich für die Halter keinen Grund, sich einzumischen.

Will sich der eine allerdings zurückziehen und der andere Hund stellt hartnäckig nach, kann die Situation kippen: Beim bedrängten Hund kann defensive Aggression entstehen, er gerät sozusagen in eine Notwehrlage. Woraufhin der aufdringliche Hund sich noch weiter in sein körperlich aggressives Verhalten steigern kann.

Einen allgemeinen Rat, wann der Zeitpunkt gekommen ist und man als Halter einschreiten sollte, etwa indem man die Hunde anleint und einfach mit ihnen weggeht, kann es so nicht geben.

Es kommt vor allem darauf an, seinen eigenen Hund möglichst genau kennen zu lernen, sein Verhalten zu »lesen«, um den Moment abzupassen, wann aus einem – durchaus auch ruppigen – Spiel eine ernsthafte und gefährliche Situation entsteht.

Wir werden jetzt Frau Scheuer und die Dackeldame mit meiner Mina zusammenbringen. Auch Mina ist eine gelassene, souveräne Hündin. Sie wird auf die quirlige Shari genauso reagieren wie Buddy. Das wird Frauchen guttun, sie wird noch deutlicher erkennen, dass bestimmte Verhaltensweisen ihres Buddy völlig normal sind.

Buddy wird mit Shari zurechtkommen, wenn die Halter einige Regeln beachten.

Und nichts mit jener Situation zu tun haben, als Buddy seinen Gefährten Bärli schwer verletzt hat. Übrigens hat er auch damals nicht in Verletzungsabsicht reagiert. Es ging bei Buddy um massive Futterkonkurrenz, nicht darum, kleine Hunde zu beißen.

Für die Familie Scheuer bedeutet das natürlich, dass sie beim Füttern vorsichtig sein muss. Denn Fressen ist eine ernste Sache, da hört der Spaß für Buddy auf. Das gilt auch für eine andere Lebensnotwendigkeit: menschliche Zuwendung und Streicheleinheiten. Auch hier darf kein Konkurrenzgefühl bei Buddy aufkommen. Wenn zusammen geschmust wird, dann geht es immer erst um Buddy, dann um den Welpen und zum Abschluss wieder um Buddy. Er muss sich seines Futters und seiner Menschen sicher fühlen.

Martin Rütter und D.O.G.S.

Das Team vom *Zentrum für Menschen mit Hund:* Alexandra Angrick, Jeanette Przygoda, Martin Rütter, Nicole Radzuweit (hintere Reihe v. l. n. r.). Andrea Schweizer, Simone Husgen und Andrea Buisman (vordere Reihe v. l. n. r.).

Martin Rütter beschäftigt sich seit 14 Jahren intensiv mit der Beziehung zwischen Mensch und Hund. Er betreibt in Erftstadt bei Köln das *Zentrum für Menschen mit Hund* und ist Entwickler von D.O.G.S. (Dog Orientated Guiding System). Inzwischen haben über 3500 Menschen mit Hunden bei dem humorvollen Tierpsychologen Rat gesucht und weit über 40.000 Menschen seine Vorträge innerhalb Deutschlands, Österreichs und der Schweiz gehört.

D.O.G.S. ist kein starres System, sondern eine Trainingsphilosophie, die nicht darauf aus ist, Ihren Hund gefügig zu machen, sondern sich vielmehr an der natürlichen Veranlagung des Hundes zum Aufbau von Sozialstrukturen orientiert.

ist individuell
Das Trainingskonzept wird auf jeden Hund und seinen Menschen speziell abgestimmt.

ist natürlich
Das natürliche Verhalten und die Persönlichkeit des Hundes bestimmen die Trainingsmethoden.

ist partnerschaftlich
Mensch und Hund lernen einander kennen und verstehen.

ist leise
Hunde verstehen eine leise, ruhige Sprache. Wir unterrichten die Menschen in dieser Sprache.

Mehr Infos unter: www.ruetter.com

Der Regisseur von *Eine Couch für alle Felle 2*

Joachim Vollenschier (49), Fernsehjournalist, Filmautor und Regisseur, lebt in Köln. Nach seinem Sportstudium begann er Anfang der 80er Jahre als Reporter beim WDR. Seitdem realisierte er für verschiedene Sender zahlreiche Beiträge, Features und Reportagen. *Eine Couch für alle Felle* ist nach *Ein Heim für alle Felle* und *Ein Doc für alle Felle* die dritte Doku-Soap, die er für die Filmproduktion Encanto GmbH drehte.

Joachim Vollenschier, Regisseur von *Eine Couch für alle Felle*, mit Shari

Die Autorin von *Eine Couch für alle Felle 2*

Ingrid Backes ist freie Autorin und Journalistin. Sie lebt in Köln, zusammen mit Sara, Mimi und Otto, drei Tierheimkatzen, die ihre eigenen Vorstellungen zum Thema Mensch und Tier haben. Die Beschäftigung mit Menschen und ihren Hunden war also für sie einerseits Neuland, andererseits aber auch sehr vertraut: Die Liebe zu den vierbeinigen Lebensgefährten, das manchmal verzweifelte Ringen darum, deren ganz eigene Sprache zu verstehen – das kennen engagierte Katzenhalter/-innen auch.

Ingrid Backes, Autorin von *Eine Couch für alle Felle 2.*

Martin Rütter beim Dolmetschen der Hundesprache zu begleiten, auf die ganz kleinen, fein abgestuften Ausdrucksformen zu achten, die Tiere den Menschen anbieten, war für die Autorin ein intensiver Lernprozess, der weit über das Thema Hunde hinausgeht. Vielleicht geht es doch um »eine Couch für **alle** Felle«, eine Anregung auch für Katzen- oder Hamsterfreunde, mal genauer hinzuschauen.

Danksagung

Bevor ich die Möglichkeit nutze, den Personen Dank zu sagen, die bei der Entstehung dieses Buches großen Anteil hatten, möchte ich allen Hundefreunden danken, die mir nach dem ersten Buch so überwältigende Resonanz gegeben haben.

Sie haben damit die zweite Staffel von *Eine Couch für alle Felle* und dieses Buch erst möglich gemacht.

Großer Dank geht an Bettina Böttinger, die wieder ohne Wenn und Aber das Vertrauen in meine Arbeit mit Mensch und Hund bewiesen hat.

Bei Joachim Vollenschier, Autor und Regisseur, will ich mich nicht nur für die Zusammenarbeit, sondern auch für die besondere Form der Kommunikation, die wir während der Dreharbeiten miteinander hatten, bedanken.

Danke an die Autorin Ingrid Backes, die während der gesamten Drehzeit dabei war, um sich in das Thema Hund einzuarbeiten.

Besonderer Dank geht selbstverständlich an mein Team des *Zentrums für Menschen mit Hund*. Es ist eine Freude, jeden Tag zu erleben, wie alle trotz höchster Professionalität ihre Liebe zum Beruf ausstrahlen und das D.O.G.S. (Dog Orientated Guiding System) mit Enthusiasmus vorleben. Der größte Dank gebührt meiner Partnerin Bianca, die so viel Stärke und Toleranz aufbringt, um mir die Möglichkeit zu geben, meinen Beruf mit dieser Leidenschaft zu leben, und mir täglich im Umgang mit unseren wundervollen Söhnen Marvin und Moritz zeigt, was liebevolle Konsequenz bedeutet.

Danke!

Empfehlenswerte Bücher

Aldington, Eric H.W.: *Von der Seele des Hundes.* Gollwitzer Verlag, 2003

Aldington, Eric H.W.: *Was tu ich nur mit diesem Hund.* Gollwitzer Verlag, 2002

Bloch, Günther: *Der Wolf im Hundepelz.* Westkreuz-Verlag, 2002

Feddersen-Petersen, Dr. Dorit: *Hunde und ihre Menschen.* Franckh-Kosmos Verlag, 2001

Feddersen-Petersen, Dr. Dorit: *Hundepsychologie.* Franckh-Kosmos Verlag, 2004

Feddersen-Petersen, Dr. Dorit; Ohl, Frauke: *Ausdrucksverhalten beim Hund.* Enke Verlag, 1995

Fennell, Jan: *Mit Hunden sprechen.* Ullstein Verlag, 2003

Lorenz, Konrad: *So kam der Mensch auf den Hund.* dtv Verlag, 1998

Morris, Desmond: *Dogwatching.* Heyne Verlag, 2000

Nijboer, Jan: *Hunde erziehen mit Natural Dogmanship.* Franckh-Kosmos Verlag, 2002

Stern, Horst: *Bemerkungen über Hunde.* Franckh-Kosmos Verlag, 1994

Trumler, Eberhard: *Das Jahr des Hundes.* Kynos Verlag, 1997

Trumler, Eberhard: *Mensch und Hund.* Kynos Verlag, 1998

Zimen, Erik: *Der Hund.* Goldmann Verlag, 1992

Register